Cambridge Plain Texts

RONSARD

L'ART POÉTIQUE
CINQ PRÉFACES

T0346120

RONSARD

L'ART POÉTIQUE
CINQ PRÉFACES

CAMBRIDGE
AT THE UNIVERSITY PRESS
1930

CAMBRIDGE UNIVERSITY PRESS
Cambridge, New York, Melbourne, Madrid, Cape Town,
Singapore, São Paulo, Delhi, Mexico City

Cambridge University Press
The Edinburgh Building, Cambridge CB2 8RU, UK

Published in the United States of America by Cambridge University Press, New York

www.cambridge.org
Information on this title: www.cambridge.org/9781107660601

First published 1930
Re-issued 2013

A catalogue record for this publication is available from the British Library

ISBN 978-1-107-66060-1 Paperback

NOTE

Pierre de Ronsard (1524–1585), the greatest poet of sixteenth-century France, was the leader of an enthusiastic band, the "Pléiade," who, moved at once by patriotism and by enthusiasm for the newly-revealed glories of Classical literature, resolutely rejected the dying Medieval tradition and sought to build up French poetry anew by a judicious imitation of Antiquity. The *Deffense et Illustration de la Langue Française* of Joachim du Bellay, in 1549, was the provocative manifesto of the new school; and Ronsard, in his *Art Poétique* and his various Prefaces, develops its doctrines. His views on poetry were common to all Renaissance theorists; they had been elaborated by Italian critics from the teaching of the Classics. He believes in the sacred nature of inspiration, in the dignity of the poet's calling, the solemn responsibility he incurs and the ultimate glory he will reap. But inspiration must be supplemented by strenuous efforts towards artistic perfection, with the Classical poets as guides and models. Ronsard's worship of Antiquity often misled him; his Pindaric Odes and his epic, the *Franciade*, are his least successful, as they are his most ambitious experiments, while the prefaces that introduce them contain much that is puerile and pedantic, notably a pathetic anxiety to conform to the rules deduced by the Renaissance critics from Classical practice. Yet his sensitive enthusiasm for poetry, his wholesome insistence on discipline and artistry, and his illuminating comments on style, diction, and versification, give his critical writings an interest that is not merely historical, but intrinsic and abiding.

In the present volume I have selected, from among the Prefaces which accompanied every fresh edition of Ronsard's works, those which express his opinions on literature; the others, being concerned with discussion of orthography and music, with personal and theological controversy, and with panegyrics of his royal patrons, appearing irrelevant to the purpose.

JEAN STEWART

August 1930

ABRÉGÉ
DE L'ART POÉTIQUE FRANÇOIS

A Alphonce Delbene

Abbé de Hautecombe en Savoie

Scribendi recte sapere est et principium et fons.

1565

COMBIEN que l'art de Poësie ne se puisse par preceptes comprendre ny enseigner, pour estre plus
mental que traditif: toutes-fois d'autant que l'artifice
humain, experience et labeur le peuvent permettre,
j'ay bien voulu t'en donner quelques reigles, afin qu'un
jour tu puisses estre des premiers en la connoissance
d'un si agreable mestier, à l'exemple de moy qui con-
fesse y estre assez passablement enseigné.

Sur toutes choses tu auras les Muses en reverence,
voire en singuliere veneration, et ne les feras jamais
servir à chose deshonneste, à risées, à libelles injurieux,
mais les tiendras cheres et sacrées, comme les filles de
Jupiter, c'est à dire de Dieu, qui de sa saincte grace a
premierement par elles faict connoistre aux peuples
ignorans les excellences de sa majesté. Car la Poesie
n'estoit au premier âge qu'une Theologie allegoricque,
pour faire entrer au cerveau des hommes grossiers par
fables plaisantes et colorées les secrets qu'ils ne pouvoient comprendre, quand trop ouvertement on des-
couvroit la verité. Eumolpe Cecropien, Line maistre

d'Hercule, Orphée, Homere, Hesiode inventerent un
si excellent mestier. Pour ceste cause sont appelez
Poetes divins, non tant pour leur divin esprit qui les
rendoit sur tous admirables, que pour la conversation
qu'ilz avoient avecques les Oracles, Prophetes, Devins,
Sybilles, Interpretes de songes, desquelz ilz avoient
apris la meilleure part de ce qu'ilz sçavoient : car ce que
les Oracles disoient en peu de mots, ces gentilz personnages l'amplifioient, coloroient et augmentoient,
estans vers le peuple ce que les Sybilles et Devins
estoient en leur endroict. Long temps apres sont venus
d'un mesme pays, les seconds Poetes que j'appelle
humains, pour estre plus enflez d'artifice et labeur,
que de divinité. A l'exemple de ces derniers, les
Poetes Romains ont foisonné en l'abondance de tant
de livres empoulez et fardez qu'ils ont apporté aux
Libraires plus de charge que d'honneur, excepté cinq
ou six desquels la doctrine accompaignée d'un parfait
artifice, m'a tousjours tiré en admiration.

Or pour-ce que les Muses ne veullent loger en une
ame si elle n'est bonne, saincte, et vertueuse, tu seras
de bonne nature, non meschant, renfrongné, ne cha-
grin : mais animé d'un gentil esprit, ne laisseras rien
entrer en ton entendement qui ne soit sur-humain et
divin. Tu auras en premier lieu les conceptions hautes,
grandes, belles et non trainantes à terre. Car le prin-
cipal poinct est l'invention, laquelle vient tant de la
bonne nature, que de la leçon des bons et anciens
autheurs. Si tu entreprens quelque grand œuvre tu te
montreras religieux et craignant Dieu, le commençant
ou par son nom, ou par un autre qui representera quelque effect de sa majesté, à l'exemple des Poëtes Grecs :

Μῆνιν ἄειδε, θεά [*Iliade*], Ἄνδρα μοι ἔννεπε, Μοῦσα [*Odyssée*], Ἐκ Διὸς ἀρχώμεσθα [Théocrite], Ἀρχόμενος σέο, Φοῖβε [   ]. Et noz Romains, Æneadum genitrix [Lucrèce], Musa mihi causas memora [*Eneide*].

Car les Muses, Apollon, Mercure, Pallas, Venus, et autres telles deitez ne nous representent autre chose que les puissances de Dieu, auquel les premiers hommes avoient donné plusieurs noms pour les divers effectz de son incomprehensible majesté. Et c'est aussi pour te monstrer que rien ne peut estre ny bon ny parfaict, si le commencement ne vient de Dieu.

Après tu seras studieux de la lecture des bons poëtes, et les apprendras par cœur autant que tu pourras. Tu seras laborieux à corriger et limer tes vers, et ne leur pardonneras non plus qu'un bon jardinier à son ante, quand il la voit chargée de branches inutiles ou de bien peu de proffit. Tu converseras doucement et honnestement avecque les Poëtes de ton temps: tu honoreras les plus vieux comme tes peres, tes pareils comme tes freres, les moindres comme tes enfans, et leur communiqueras tes escrits: car tu ne dois rien mettre en lumiere, qui n'ayt premierement esté veu et reveu de tes amis, que tu estimeras les plus expers en ce mestier, afin que par telles conjonctions et familiaritez d'esprits, avecques les lettres et la nature que tu as, tu puisses facilement parvenir au comble de tout honneur, ayant pour exemple domestique les vertus de ton pere, qui non seulement a surpassé en sa langue Italienne les plus estimez de ce temps, mais encores a fait la victoire douteuse entre luy et ceux qui escrivent aujourd'huy le plus purement et doctement au vieil langage Romain.

Or pour-ce que tu as desja la connoissance de la langue Grecque et Latine, et qu'il ne te reste que la Françoise, laquelle te doit estre d'autant plus recommandée qu'elle t'est maternelle, je te diray en peu de paroles ce qu'il me semble le plus expedient, et sans t'esgarer par longues et fascheuses forests, je te meneray tout droit par le sentier que j'auray conneu le plus court, afin que aysément tu regaignes ceux qui s'estans les premiers mis au chemin, te pourroyent avoir aucunement devancé.

Tout ainsi que les vers Latins ont leurs pieds, comme tu sçais, nous avons en nostre Poësie Françoise, de laquelle je veux traitter icy, une certaine mesure de syllabes, selon le dessein des carmes que nous entreprenons composer, qui ne se peut outre-passer sans offenser la loy de nostre vers, desquelles mesures et nombre de syllabes, nous traitterons apres plus amplement.

Nous avons aussi une certaine cæsure de la voyelle *e*, laquelle se mange toutes les fois qu'elle est rencontrée d'une autre voyelle ou diftongue, pourveu que la voyelle qui suit *e* n'aye point la force de consonne.

Apres à mon imitation, tu feras tes vers masculins et fœminins tant qu'il te sera possible, pour estre plus propres à la Musique et accord des instrumens, en faveur desquels il semble que la Poësie soit née : car la Poësie sans les instrumens, ou sans la grâce d'une seule, ou plusieurs voix, n'est nullement agreable, non plus que les instrumens sans estre animez de la melodie d'une plaisante voix. Si de fortune tu as composé les deux premiers vers masculins, tu feras les deux autres fœminins, et paracheveras de mesme mesure le reste de ton Elegie ou chanson, afin que les Musiciens les puissent plus facilement accorder. Quant aux vers lyriques, tu feras le premier coupelet à ta volonté, pourveu que les autres suyvent la trace du premier.

Si tu te sers des noms propres des Grecs et Romains, tu les tourneras à la terminaison Françoise, autant que ton langage le permet : car il y en a beaucoup qui ne s'y peuvent nullement tourner.

Tu ne dois rejeter les motz de noz vieux Romans, ains les choisir avecques meure et prudente election.

Tu pratiqueras les artisans de tous mestiers, de *Marine*, *Vennerie*, *Fauconnerie*, et principallement ceux qui doyvent la perfection de leurs ouvrages aux fourneaux, *Orfevres*, *Fondeurs*, *Mareschaux*, *Minerailliers*, et de là tirer maintes belles et vives comparaisons, avecques les noms propres des outils, pour enrichir ton œuvre et le rendre plus aggreable : car tout ainsi qu'on ne peut dire un corps humain beau, plaisant et accomply, s'il n'est composé de sang, venes, arteres et tendons, et sur tout d'une nayve couleur, ainsi la Poësie ne peut estre plaisante, vive ne parfaitte sans belles inventions, descriptions, comparaisons, qui sont les ners et la vie du livre, qui veut forcer les siecles pour demourer de toute memoire victorieux du temps.

Tu sçauras dextrement choisir et approprier à ton œuvre les vocables plus significatifs des dialectes de notre France, quand ceux de ta nation ne seront assez propres ne signifians, et ne se faut soucier s'ils sont Gascons, Poitevins, Normans, Manceaux, Lionnois ou d'autre pays, pourveu qu'ils soyent bons, et que proprement ils expriment ce que tu veux dire, sans affecter par trop le parler de la court, lequel est quelques-fois tresmauvais, pour estre le langage de Damoyselles et jeunes Gentils-hommes qui font plus profession de bien combattre que de bien parler. Et noteras que la langue Grecque n'eust jamais esté si faconde et abondante en dialectes, et en mots comme elle est, sans le grand nombre de republicques qui fleurissoyent en ce temps-là, lesquelles comme amoureuses de leur bien propre, vouloyent que leurs doctes citoyens escrivissent au langage particulier de leur nation. Et de là sont venus une infinité de dialectes, phrases, et manieres de parler qui portent encores aujourd'huy sur le front la marque de leur pays naturel, lesquelles estoyent tenuës indifferemment bonnes, par les doctes plumes qui escrivoyent de ce temps-là: car un pays ne peut jamais estre si parfait en tout, qu'il ne puisse encores quelque-fois emprunter je ne sçay quoy de son voisin. Et ne fay point de doute que s'il y avoit encores en France des Ducs de Bourgongne, Picardie, Normandie, Bretaigne, Champaigne, Gascongne, qu'ils ne desirassent pour un extreme honneur, que leurs subjets escrivissent [en la langue de] leur pays naturel: car les Princes ne doivent estre moins curieux d'agrandir les bornes de leur Seigneurie, que d'estendre à l'imitation des Romains le langage de leur pays par toutes nations. Mais aujourd'huy, pour-ce que nostre France n'obeist qu'à un seul Roy, sommes contraints, si nous voulons parvenir à quelque honneur, parler son langage courtizan, autrement nostre labeur tant docte qu'il soit, seroit estimé peu de chose, ou (peut estre) totalement mesprisé. Et pour-ce que les biens et faveurs viennent de tel endroit, il faut bien souvent ployer sous le jugement d'une damoyselle ou d'un jeune courtizan, encore qu'ils se connoissent d'autant moins en la bonne et vraye Poesie qu'ils font exercice des armes et autres plus honorables mestiers.

DE L'INVENTION

Pource qu'au paravant j'ay parlé de l'invention, il me semble estre bien à propos de t'en refraischir la memoire par un petit mot.

L'invention n'est autre chose que le bon naturel d'une imagination, concevant les Idées et formes de toutes choses qui se peuvent imaginer, tant celestes que terrestres, animées ou inanimées, pour apres les representer, descrire et imiter : car tout ainsi que le but de l'orateur est de persuader, ainsi celuy du Poëte est d'imiter, inventer, et representer les choses qui sont, ou qui peuvent estre, vraisemblables. Et ne fault douter qu'apres avoir bien et hautement inventé, que la belle disposition ne s'ensuyve, d'autant que la disposition suit l'invention, mere de toutes choses, comme l'ombre faict le corps. Quand je te dy que tu inventes choses belles et grandes, je n'entends toutesfois ces inventions fantasticques et melencoliques, qui ne se rapportent non plus l'un à l'autre que les songes entrecoupez d'un frenetique, ou de quelque patient extremement tourmenté de la fievre, à l'imagination duquel pour estre blessée, se representent mille formes monstrueuses sans ordre ny liayson : mais tes inventions, desquelles je ne te puis donner reigle pour estre spirituelles, seront bien ordonnées et disposées, et bien qu'elles semblent passer celles du vulgaire, seront toutefois telles qu'elles pourront estre facilement conceues et entendues d'un chacun.

DE LA DISPOSITION

Tout ainsi que l'invention despend d'une gentille nature d'esprit, ainsi la disposition despend de la belle invention, laquelle consiste en une elegante et parfaicte collocation et ordre des choses inventées, et ne permet que ce qui appartient à un lieu, soit mis en l'autre, mais se gouvernant par artifice, estude et labeur, ajance et ordonne dextrement toutes choses à son poinct. Tu en pourras tirer les exemples des autheurs anciens et de noz modernes qui ont illustré depuis quinze ans nostre langue, maintenant superbe par la diligence d'un si honorable labeur. Heureux et presques Dieux, ceux qui cultivent leur propre terre, sans se travailler apres une estrangere, de laquelle on ne peut retirer que peine ingrate et malheureuse, pour toute recompense et honneur. Quiconques furent des premiers qui oserent abandonner la langue des anciens Grecs et Romains pour honorer celle de leur pays, ilz furent veritablement bons enfans et non ingratz citoyens, et dignes d'estre couronnez sur une statue publique, et que d'aage en aage on face une perpetuelle memoire d'eux et de leurs vertus. Non qu'il faille ignorer les langues estrangeres, je te conseille de les sçavoir parfaictement, et d'elles, comme d'un vieil tresor trouvé soubz terre, enrichir ta propre nation: car il est fort malaisé de bien escrire en langue vulgaire si on n'est parfaictement, à tout le moins mediocrement instruit en celles des plus honorables et fameux estrangers.

DE L'ELOCUTION

Elocution n'est autre chose qu'une propriété et splendeur de paroles bien choisies et ornées de graves et courtes sentences, qui font reluyre les vers comme les pierres precieuses bien enchassées les doigts de quelque grand Seigneur. Soubz l'Elocution se comprend l'Election des paroles, que Vergile et Horace ont si curieusement observée. Pour ce tu te doibs travailler estre copieux en vocables, et trier les plus propres et signifians que tu pourras pour servir de ners et de force à tes carmes, qui reluyront d'autant plus que les mots seront significatifs, et choisis avecques jugement. Tu n'oubliras les comparaisons, les descriptions des lieux, fleuves, forests, montaignes, de la nuict, du lever du Soleil, du Midy, des Vents, de la Mer, des Dieux et Déesses, avec leurs propres mestiers, habits, chars et chevaux: te façonnant en cecy à l'imitation d'Homere, que tu observeras comme un divin exemple sur lequel tu tireras au vif les plus parfaictz lineamens de ton tableau.

DE LA POESIE EN GENERAL

Tu doibs sçavoir sur toutes choses que les grands poesmes ne se commencent jamais par la premiere occasion du faict, ny ne sont tellement accomplis, que le lecteur espris de plaisir n'y puisse encores desirer une plus longue fin, mais les bons ouvriers le commencent par le milieu, et sçavent si bien joindre le commencement au milieu et le milieu à la fin que de telles pieces rapportées, font un corps entier et parfaict.

Tu ne commenceras jamais le discours d'un grand

poesme, s'il n'est esloigné de la mémoire des hommes, et pour-ce tu invoqueras la Muse, qui se souvient de tout, comme Déesse, pour te chanter les choses dont les hommes ne se peuvent nullement souvenir.

Les autres petitz poesmes veulent estre abruptement commencez, comme les odes lyriques, à la composition desquelz je te conseille premierement te rompre et façonner, te donnant de garde surtout d'estre plus versificateur que poëte: car la fable et fiction est le subject des bons poëtes, qui ont esté depuis toute memoire recommandez de la postérité: et les vers sont seulement le but de l'ignorant versificateur, lequel pense avoir faict un grand chef d'œuvre quand il a composé beaucoup de carmes rymez, qui sentent tellement la prose que je suis esmerveillé comme noz François daignent imprimer de telles drogueries, à la confusion des autheurs, et de nostre nation.

Je te dirois icy particulierement les propres subjectz d'un chacun poesme, si tu n'avois desja veu l'art poetique d'Horace, et d'Aristote, ausquelz je te connois assez mediocrement versé.

Je te veux advertir de fuir les epithetes naturelz, qu'ilz ne servent de rien à la sentence de ce que tu veux dire, comme *la riviere coulante*, *la verde ramée*, et infinis autres. Tes epithetes seront recherchez pour signifier, et non pour remplir ton carme, ou pour estre oyseux en ton vers: exemple, *Le ciel vouté encerne tout le monde*. J'ay dit *vouté*, et non *ardant*, *clair*, ny *haut*, ny *azuré*, d'autant qu'une voute est propre pour embrasser et encerner quelque chose. Tu pourras bien dire, *Le bateau va desur l'onde coulante*, pour ce que le cours de l'eau faict couler le bateau. Les Romains ont esté trescurieux observateurs de ceste reigle, et entre les autres Virgile et Horace. Les Grecs comme en toutes choses appartenantes aux vers, y ont esté plus libres, et n'y ont advisé de si pres.

Tu fuiras aussi la maniere de composer des Italiens en ta langue, qui mettent ordinairement quatre ou cinq epithetes, les uns apres les autres en un mesme vers, comme *alma, bella, angelica et fortunata dona*. Tu vois que tels epithetes sont plus pour empouller et farder les vers que pour besoing qu'il en soit: bref tu te contenteras d'un epithete, ou pour le moins de deux, si ce n'est quelquesfois par gaillardise, en mettras cinq ou six, mais, si tu m'en crois, cela t'aviendra le plus rarement que pourras.

DE LA RYME

La Ryme n'est autre chose qu'une consonance et cadance de syllabes, tombantes sur la fin des vers, laquelle je veux que tu observes tant aux masculins qu'aux fœminins, de deux entieres et parfaites syllabes, ou pour le moins d'une aux masculins, pourveu qu'elle soit resonante et d'un son entier et parfaict. Exemple des feminins, *France, Esperance, despence, negligence, familiere, fourmiliere, premiere, chere, mere*. Exemple des masculins, *surmonter, monter, douter, sauter, Juppiter*.

Toutesfois tu seras plus soigneux de la belle invention et des motz, que de la Ryme, laquelle vient assez aisement d'elle mesme apres quelque peu d'exercice et labeur.

DE LA VOYELLE *E*

Toutesfois et quantes que la voyelle *e* est rencontrée d'une autre voyelle ou diftongue, elle est tousjours mangée, se perdant en la voyelle qui la suit, sans faire syllabe par soy, je dy rencontrée d'une voyelle ou d'une diftongue pure, autrement elle ne se peult manger quand l'*i* et *v* voyelles se tournent en consones, comme, *Je vive*. Exemple de *e*, qui se mange, *cruelle et fiere, et dure, et facheuse amertume. Belle maistresse inexorable et fiere*. Davantage *i*, et *a*, voyelles, se peuvent elider et manger. Exemple d'*a*, *L'artillerie, l'amour* pour *la artillerie, la amour*. Exemple de la voyelle *i*, *n'a ceux cy, n'a ceux là*, pour dire *ny à ceux cy, ny à ceux là*. Quant tu mangerois l'*o* et l'*u*, pour la necessité de tes vers, il n'y auroit point de mal, à la mode des Italiens ou plustost des Grecs, qui se servent des voyelles, et diftongues, comme il leur plaist et selon leur necessité.

DE L'*H*

L'*H* quelquesfois est marque d'aspiration, quelquesfois non. Quand elle ne rend point la premiere syllabe du mot aspirée et rude à prononcer, elle se mange, tout ainsi que faict *e* fœminin. Quand elle la rend aspirée et rude, elle ne se mange nullement. Exemple de *h*, non aspirée: *Magnanime homme, humain, honneste et fort*. Exemple de celle qui rend la premiere syllabe du mot dure et ne se mange point: *La belle femme hors d'icy s'en alla, le Gentil-homme hautain alloit par tout*. Tu pourras voir par la lecture de noz bons Poëtes François, l'*h* qui se mange ou non.

Tu eviteras autant que la contraincte de ton vers le

permettra, les rencontres des voyelles et diftongues, qui ne se mangent point: car telles concurrences de voyelles font le vers merveilleusement rude en nostre langue, bien que les Grecs soyent coustumiers de ce faire, comme par elegance. Exemple: *vostre beauté a envoyé amour.* Ce vers icy te servira de patron pour te garder de ne tomber en telle aspreté, qui escraze plus tost l'oreille qu'elle ne luy donne plaisir.

Tu doibs aussi noter que rien n'est si plaisant qu'un carme bien façonné, bien tourné, non entr'ouvert ny beant. Et pource, sauf le jugement de noz Aristarques, tu doibs oster la derniere *e* fœminine, tant de vocables singuliers que pluriers, qui se finissent en *ee*, et en *ees*, quand de fortune ilz se rencontrent au milieu de ton vers. Exemple du masculin plurier: *Rolland avoit deux espées en main.* Ne sens tu pas que ces deux *espées en* main, offencent la delicatesse de l'oreille, et pource tu doibs mettre: *Rolland avoit deux espé's en la main*, ou autre chose semblable. Exemple de l'*e* fœminine singuliere: *Contre Mezance Ænée print sa picque.* Ne sens tu pas comme derechef *Ænée* sonne tresmal au milieu de ce vers? pource tu mettras: *Contre Mezance Æné' bransla sa picque.*

Autant en est des vocables terminez en *ouë*, et *uë*, comme *rouë*, *jouë*, *nuë*, *venuë*, et mille autres qui doivent recevoir syncope et apocope au milieu de ton vers. Si tu veux que ton poëme soit ensemble doux et savoureux: pource tu mettras *rou'*, *jou'*, *nu'*, contre l'opinion de tous noz maistres qui n'ont de si pres advisé à la perfection de ce mestier.

Encores je te veux bien admonester d'une chose tresnecessaire, c'est quand tu trouveras des mots qui

difficilement reçoyvent ryme, comme *or*, *char*, et mille
autres, les rymer hardiment contre *fort*, *ort*, *acort*,
part, *renart*, *art*, ostant par licence la derniere lettre,
t, du mot *fort*, et mettre *for'* simplement avec la
marque de l'apostrophe: autant en feras tu de *far'* pour
fard, pour le rimer contre *char*. Exemple:

> *Venus faisant atteler son beau char*
> *Y fist monter son enfant plain de far'*.

Je voy souvent mille belles sentences et mille beaux
vers perdus faute de telle hardiesse, si bien que sur *or*,
je n'y voy jamais rymer, que *tresor*, ou *or* pour *ores*,
Nestor, *Hector*, et sur *char*, *Cesar*.

Tu sincoperas aussi hardiment ce mot de *comme*, et
diras à ta necessité *com'*. Je voy en quelle peine souvent on se trouve faute de couper la lettre *e* finale de
ce mot *comme*. Et mesmes au commencement du vers.
Tu accourciras aussi (je dis en tant que tu y seras contraint) les verbes trop longs: comme *don'ra* pour *donnera*, *saut'ra* pour *sautera*, et non les verbes dont les
infinitifs se terminent en *e*, lesquels au contraire tu
n'allongeras point et ne diras *prendera* pour *prendra*,
mordera pour *mordra*, n'ayant en cela reigle plus parfaitte que ton oreille laquelle ne te trompera jamais, si
tu veux prendre son conseil, avec certain jugement et
raison.

Tu eviteras aussi l'abondance des monosyllabes en
tes vers, pour estre rudes et mal plaisans à ouyr.
Exemple: *Je vy le ciel si beau, si pur et net*. Au reste je
te conseille d'user de la lettre *ò*, marquée de ceste
marque pour signifier [*avecques*] à la façon des anciens,
comme *ò luy*, pour *avecques luy*: car le mot *avecques*

composé de trois syllabes, donne grand empeschement
au vers, mesmement quand il est court.

Je m'asseure que telles permissions n'auront si tost
lieu que tu connoistras incontinent de quelle peine se
voirront delivrez les plus jeunes, par le courage des
vieux qui auront si hardiment osé.

Tu pourras aussi à la mode des Grecs qui disent
οὔνομα pour ὄνομα, adjouster un *u*, après un *o*, pour
faire ta ryme plus riche et plus sonante, comme *troupe*
pour *trope*, *Callioupe* pour *Calliope*, *espouse* pour
espose, *chouse* pour *chose*.

Tu n'oublieras jamais les articles, et tiendras pour
tout certain que rien ne peut tant deffigurer ton vers
que les articles delaissez: autant en est des pronoms
primitifs, comme *je*, *tu*, que tu n'oublieras jamais, si
tu veux que tes carmes soyent parfaits et de tous
poincts bien accomplis.

Je te dirois encores beaucoup de reigles et secrets de
nostre Poésie, mais j'ayme mieux en nous promenant
te les aprendre de bouche, que les mettre par escrit,
pour fascher, peut estre, une bonne partie de ceux qui
pensent estre grands maistres, dont à peine ont ils encores touché les premiers outils de ce mestier.

DES VERS ALEXANDRINS

Les Alexandrins tiennent la place en nostre langue,
telle que les vers heroïques entre les Grecs et Latins,
lesquels sont composez de douze à treize syllabes, les
masculins de douze, les fœminins de treize, et ont tousjours leur repos sur la sixiesme syllabe, comme les vers

communs sur la quatriesme, dont nous parlerons
apres. Exemple des masculins:

> *Madame baisez-moi, je meurs en vous baisant,*

où tu vois manifestement le repos de ce vers estre sur
la sixiesme syllabe. Exemple du fœminin:

> *O ma belle maistresse, as-tu pas bonne envie.*

Tu dois icy noter que tous mots François qui se terminent en *es*, ou en *e* lente sans force et sans son, ou
en *ent*, pluriers des verbes, sont fœminins: tous les
autres, de quelque terminaison qu'ils puissent estre,
sont masculins. Exemple de *e* fœminin: *singuliere,
femme, beste, nasarde, livre, escritoire.* Exemple des
noms pluriers terminez en *es*: *livres, escritoires, chantres,
dances,* etc. Il faut aussi entendre que les pluriers des
verbes qui se finissent en *ent*, sont reputez fœminins,
comme ils *viennent, disent, souhaittent, parlent, marchent,* etc.

La composition des Alexandrins doit estre grave,
hautaine, et (si faut ainsi parler) altiloque, d'autant
qu'ils sont plus longs que les autres, et sentiroyent la
prose, si n'estoyent composez de mots éleus, graves,
et resonnans, et d'une ryme assez riche, afin que telle
richesse empesche le stille de la prose, et qu'elle se
garde tousjours dans les oreilles, jusques à la fin de
l'autre vers qui est long. Tu les feras donc les plus
parfaits que tu pourras, et ne te contenteras point
(comme la plus grand part de ceux de nostre temps
qui pensent, comme j'ay dit, avoir accomply je ne sçay
quoy de grand, quand ils ont rymé de la prose en vers):
tu as desja l'esprit assez bon, pour descouvrir tels
versificateurs par leurs miserables escrits, et par la

connoissance des mauvais, faire jugement des bons, lesquels je ne veux particulierement nommer, pour estre en petit nombre, et de peur d'offencer ceux qui ne seroient couchez en ce papier: aussi suyvant mon naturel je desire infiniment eviter l'impudence de telle maniere de gens: car tu sçais bien que non seulement κεραμεὺς κεραμεῖ κοτέει καὶ τέκτονι τέκτων, mais aussi ἀοιδὸς ἀοιδῷ.

Si je n'ay commencé ma Franciade en vers Alexandrins, lesquels j'ay mis (comme tu sçais) en vogue et en honneur, il s'en faut prendre à ceux qui ont puissance de me commander et non à ma volonté: car cela est fait contre mon gré, esperant un jour la faire marcher à la cadance Alexandrine: mais pour cette fois il faut obeyr.

DES VERS COMMUNS

Les vers communs sont de dix à onze syllabes, les masculins de dix, les fœminins d'onze, et ont sur la quatriesme syllabe leur repos ou reprise d'aleine, ainsi que les vers Alexandrins sur la fin des six premieres syllabes. Or comme les Alexandrins sont propres pour les subjets heroïques, ceux cy sont proprement nays pour les amours, bien que les vers Alexandrins reçoyvent quelquesfois un subjet amoureux, et mesmement en Elegies et Aiglogues, où ils ont assez bonne grace, quand ils sont bien composez. Exemple des vers communs, masculins:

Heureux le Roy qui craint d'offencer Dieu.

Exemple du fœminin:

Pour ne dormir j'allume la bougie.

Telle maniere de carmes ont esté fort usitez entre les vieux Poëtes François. Je te conseille de t'y amuser quelque peu de temps, avant que passer aux Alexandrins. Sur toute chose je te veux advertir s'il est possible (car tousjours on ne fait pas ce qu'on propose) que les quatre premieres syllabes du vers commun ou les six premieres des Alexandrins, soyent façonnez d'un sens, aucunement parfait, sans l'emprunter du mot suyvant. Exemple du sens parfait:

Jeune beauté maistresse de ma vie.

Exemple du vers qui a le sens imparfait:

L'homme qui a esté desur la mer.

DES AUTRES VERS EN GENERAL

Les vers Alexandrins et les communs sont seuls entre tous qui reçoivent cesure, sur la sixiesme et quatriesme syllabe. Car les autres marchent d'un pas licencieux, et se contentent seulement d'un certain nombre que tu pourras faire à plaisir, selon ta volonté, tantost de sept à huyt syllabes, tantost de six à sept, tantost de cinq à six, tantost de quatre à trois, les masculins estans quelques-fois les plus longs, quelques-fois les fœminins, selon que le caprice te prendra. Tels vers sont merveilleusement propres pour la Musique, la Lyre et autres instruments: quand tu les appelleras lyriques, tu ne leur feras point de tort, tantost les allongeant, tantost les accourcissant, et apres un grand vers, un petit, ou deux petits, au choix de ton oreille, gardant tousjours le plus que pourras une bonne cadence de vers propres (comme je t'ay dit auparavant) pour la Musique, et autres instrumens. Tu en pourras tirer les exemples en mille lieux de nos bons Poëtes François.

Je te veux aussi bien advertir de hautement prononcer tes vers en ta chambre, quand tu les feras, ou plustost les chanter, quelque voix que puisses avoir, car cela est bien une des principalles parties que tu dois le plus curieusement observer.

DES PERSONNES DES VERBES FRANÇOIS
ET DE L'ORTOGRAPHIE

Tu n'abuseras des personnes des verbes, mais les feras servir selon leur naturel, n'usurpant les unes pour les autres, comme plusieurs de nostre temps. Exemple en la premiere personne, *J'alloy*, et non *j'allois, il alloit*: si ce n'est aux verbes anormaux, desquels nous avons grand quantité en nostre langue comme en toutes autres, et cela nous donne à connoistre que le peuple ignorant a fait les langages, et non les sçavans: car les doctes n'eussent jamais tant creé de monstres en leur langue, qui se doit si sainctement honorer. Ils n'eussent jamais dit: *sum, es, est*, mais plus-tost: *sum, sis, sit*, et n'eussent dit: *bonus, melior, optimus*, ains *bonus, bonior, bonissimus*: mais ayant trouvé desja les mots faits par le peuple, ils ont esté contraints d'en user pour donner à entendre plus facilement au vulgaire leurs conceptions, par un langage desja receu.

Tu pourras avec licence user de la seconde personne pour la premiere, pourveu que la personne se finisse par une voyelle ou diftongue, et que le mot suyvant s'y commence, afin d'éviter un mauvais son qui te pourroit offencer, comme *j'allois à Tours*, pour dire, *j'alloy à Tours, je parlois à ma-dame*, pour *je parloy à ma-dame*, et mille autres semblables, qui te viendront à la plume en composant. Tu pourras aussi adjouster par licence une *s*, à la première personne, pourveu que la ryme du premier vers le demande ainsi. Exemple: *Puisque le Roy fait de si bonnes loix, Pour ton profit, ô France, je voudrois qu'on les gardast.*

Tu ne rejetteras point les vieux verbes Picards, comme *voudroye*, pour *voudroy*, *aymeroye*, *diroye*, *feroye*: plus nous aurons de mots en nostre langue, plus elle sera parfaitte, et donnera moins de peine à celuy qui voudra pour passe-temps s'y employer.

Tu diras selon la contrainte de ton vers *or*, *ore*, *ores*, *adoncq*, *adoncque*, *adoncques*, *avecq*, *avecque*, *avecques*, et mille autres, que sans crainte tu trancheras et alongeras ainsi qu'il te plaira, gardant tousjours une certaine mesure consultée par ton oreille, laquelle est certain juge de la structure des vers, comme l'œil de la peinture des tableaux.

Tu feras pour une reigle infalible tes carmes masculins et fœminins, achevant tousjours ton œuvre par telle mesure, estant en ton choix de commencer par les deux premiers masculins ou fœminins, et si tu commences par les deux fœminins, les deux ensuyvans seront masculins, les autres apres fœminins, les autres masculins, en gardant ceste reigle jusques à la fin.

Tu eviteras toute Ortographie superflue et ne mettras aucunes lettres en tels mots si tu ne les prononces en les lisant, au moins tu en useras le plus sobrement que tu pourras, en attendant meilleure reformation, tu escriras *écrire*, et non *escripre*, *cieus*, et non *cieulx*.

Tu pardonneras enclore à nos *z*, jusques à tant quelles soyent remises aux lieux ou elles doivent servir,

comme en *roze, choze, espouze*, et mille autres. Quant
au *k*, il est tresutile en nostre langue, comme en ces
mots : *kar, kalité, kantité, kaquet, kabaret*, et mille
autres, et non le *c*, qui tantost occupe la force d'un *k*,
tantost d'un *s*, selon qu'il a pleu à nos predecesseurs
ignorans de le mettre, comme *France*, pour *Franse*, et
si on te dit qu'on prononceroit *Franze*, tu respondras
que la lettre *s* ne se prononce jamais par un *z*. Autant
en est de nostre *g*, qui souventes-fois occupe si
miserablement le lieu de l'*i* consonne, comme en
langage pour *langaje*, autant en est de nostre *q*, et du *c*,
lesquels fauldroit totalement oster, d'autant que le *k*
qui est *κ* des Grecs peut en nostre langue servir sans
violence en lieu du *q*, et du *c*.

Il faudroit encores inventer des lettres doubles à
l'imitation des Espagnols, de *ill*, et de *gn*, pour bien
prononcer *orgueilleux, Monseigneur*, et reformer en la
plus grand part, nostre a, b, c, lequel je n'ay entreprins
pour le present, t'ouvrant par si peu d'escriture la connoissance de la verité d'ortographie et de la Poësie que
tu pourras plus amplement pratiquer de toy mesme,
comme bien nay, si tu comprens ce petit abbregé,
lequel en faveur de toy, Alphonce d'Elbene, a esté en
trois heures commencé et achevé. Joint aussi que ceux
qui sont si grands maistres de preceptes, comme
Quintilian, ne sont jamais volontiers parfaits en leur
mestier.

Je te veux encores advertir de n'escorcher point le
Latin, comme noz devanciers, qui ont trop sottement
tiré des Romains une infinité de vocables estrangers,
veu qu'il y en avoit d'aussi bons en nostre propre
langue: toutes-fois tu ne les desdaigneras, s'ils sont

desjà receus et usitez d'un chacun. Tu composeras hardiment des mots à l'imitation des Grecs et Latins, pourveu qu'ils soyent gratieux et plaisans à l'oreille, et n'auras soucy de ce que le vulgaire dira de toy, d'autant que les Poëtes comme les plus hardis, ont les premiers forgé et composé les mots, lesquels pour estre beaux et significatifs, ont passé par la bouche des orateurs et du vulgaire, puis finalement ont esté receus, louez, et admirez d'un chacun. J'ay entendu par plusieurs de mes amis que si ceux qui se mesloyent de la Poesie les plus estimez en ce mestier, du temps du feu Roy François et Henry, eussent voulu sans envie permettre aux nouveaux une telle liberté, que nostre langue en abondance se fust en peu de temps égallée à celle des Romains, et des Grecs.

Tu tourneras les noms propres à la terminaison de ta langue, autant qu'il se peut faire, à l'imitation des Romains, qui ont approprié les noms Grecs à leur langue Latine, comme Ὀδυσσεὺς *Ulysses*, *Ulysse*, ou par syncope, *Ulis*, Ἀχιλλεὺς *Achilles*, *Achil*, Ἡρακλῆς, *Hercules*, *Hercule*, ou *Hercul*, Μενέλεως *Menelaus*, *Menelas*, Νικόλεως *Nicolaus*, *Nicolas*. Les autres sont demeurez en leur premiere terminaison, d'autant qu'ils n'ont peu nullement se tourner, comme *Agamemnon*, *Hector*, *Paris*, et plusieurs autres que tu pourras par cy par là trouver en la lecture des auteurs.

Tu ne desdaigneras les vieux mots François, d'autant que je les estime tousjours en vigueur, quoy qu'on die, jusques à ce qu'ils ayent fait renaistre en leur place, comme une vieille souche, un rejetton, et lors tu te serviras du rejetton et non de la souche, laquelle fait aller toute sa substance à son petit enfant, pour le faire croistre et finalement l'establir en son lieu.

De tous vocables quels qu'ils soyent, en usage ou hors d'usage, s'il reste encores quelque partie d'eux, soit en nom, verbe, adverbe, ou participe, tu le pourras par bonne et certaine Analogie faire croistre et multiplier, d'autant que nostre langue est encores pauvre, et qu'il faut mettre peine, quoy que murmure le peuple, avec toute modestie, de l'enrichir et cultiver. Exemple des vieux mots, puisque le nom de *verve* nous reste, tu pourras faire sur le nom le verbe *verver* et l'adverbe *vervement*, sur le nom d'*essoine*, *essoiner*, *essoinement*, et mille autres tels, et quand il n'y auroit que l'adverbe, tu pourras faire le verbe et le participe librement et hardiment: au pis aller tu le cotteras en la marge de ton livre, pour donner à entendre sa signification. Et sur les vocables receus en usage, comme *pays*, *eau*, *feu*, tu feras *païser*, *eaüer*, *foüer*, et mille autres tels vocables qui ne voyent encores la lumiere faute d'un hardy et bienheureux entrepreneur.

Or si je connois que cest abbregé te soit agreable, et utile à la posterité, je te feray un plus long discours de nostre Poesie, comme elle se doit enrichir, de ses parties plus necesaires, du jugement qu'on en doit faire, si elle se peut reigler aux pieds des vers Latins et Grecs ou non, comme il faut composer des verbes frequentatifs, incoatifs, des noms comparatifs, superlatifs, et autres tels ornemens de nostre langage pauvre et manque de soy. Et ne se faut soucier, comme je l'ay dit tant de fois, de l'opinion que pourroit avoir le peuple de tes escris, tenant pour reigle toute asseurée, qu'il vaut mieux servir à la verité qu'à l'opinion du peuple qui ne veut sçavoir sinon ce qu'il voit devant ses yeux, et croyant à credit, pense que noz devanciers estoyent plus sages que nous, et qu'il les faut totalement suivre, sans rien inventer de nouveau. En cecy faisant grand tort à la bonne Nature, laquelle ils pensent pour le jourd'huy estre brehaigne et infertile en bons esprits, et que dés le commencement elle a respandu toutes ses vertus sur les premiers hommes, sans avoir rien retenu en espargne pour donner comme mere tresliberale à ses enfants, qui devoyent naistre au monde par le cours de tant de siecles avenir.

LES ODES

PRÉFACE DE 1550

Au Lecteur

Sɪ les hommes tant des siecles passés que du nostre, ont merité quelque louange pour avoir piqué diligentement aprés les traces de ceus qui courant par la carriere de leurs inventions, ont de bien loin franchi la borne : combien davantage doit on vanter le coureur, qui galopant librement par les campaignes Attiques, et Romaines osa tracer un sentier inconnu pour aller à l'immortalité ? Non que je soi, lecteur, si gourmand de gloire, ou tant tormenté d'ambitieuse presumption, que je te vueille forcer de me bailler ce que le tens peut estre me donnera (tant s'en faut, que c'est la moindre affection que j'aie, de me voir pour si peu de frivoles jeunesses estimé). Mais quand tu m'appelleras le premier auteur Lirique François, et celui qui a guidé les autres au chemin de si honneste labeur, lors tu me rendras ce que tu me dois, et je m'efforcerai te faire apprendre qu'en vain je ne l'aurai receu. Bien que la jeunesse soit tousjours elongnée de toute studieuse occupation pour les plaisirs voluntaires qui la maistrisent : si est ce que des mon enfance j'ai tousjours estimé l'estude des bonnes lettres, l'heureuse felicité de la vie, et sans laquelle on doit desesperer ne pouvoir jamais attaindre au comble du parfait contentement. Donques desirant par elle m'approprier quelque louange, encores non connue, ni atrapée par mes devanciers, et ne voiant en nos Poëtes François, chose qui fust suffisante d'imiter ; j'allai voir les étrangers, et me rendi familier d'Horace, contrefaisant sa naive douceur, des le méme tens que Clement Marot (seulle lumiere en ses ans de la vulgaire poësie) se travailloit à la poursuite de son Psautier, et osai le premier des nostres, enrichir ma langue de ce nom Ode, comme l'on peut veoir par le titre d'une imprimée sous mon nom dedans le livre de Jaques Peletier du Mans, l'un des plus excelens Poëtes de nostre âge, affin que nul ne s'atribue ce que la verité commande estre à moi. Il est certain que telle Ode est imparfaite, pour n'estre mesurée, ne propre à la lire, ainsi que l'Ode le requiert, comme sont encores douze, ou treze, que j'ai mises en mon Bocage, sous autre nom que d'Odes, pour cette méme raison, servans de temoignage par ce vice, à leur antiquité. Depuis aiant fait quelques uns de mes amis participans de telles nouvelles inventions, approuvants mon entreprise, se sont diligentés faire apparoistre combien nostre France est hardie, et pleine de tout vertueus labeur, laquelle chose m'est aggreable pour veoir, par mon moien, les vieus Liriques, si heureusement resuscités. Tu jugeras incontinant, Lecteur, que je suis un vanteur, et glouton de louange : mais si tu veus entendre le vrai, je m'assure tant de ton accoustumée honnesteté, que non seulement tu me favoriseras, mais aussi quand tu liras quelques trais de mes vers, qui se pourroient trouver dans les œuvres d'autrui, inconsidérement tu ne me diras imitateur de leurs écris, car l'imitation des nostres m'est tant odieuse (d'autant que la langue est encores en son enfance) que pour cette raison je me suis éloingné d'eus, prenant stile apart, sens apart, euvre apart, ne desirant avoir rien de commun avecq'une si monstrueuse erreur. Donques m'acheminant par un sentier inconnu, & monstrant le moien de suivre Pindare, & Horace, je puis bien dire (& certes sans vanterie) ce que lui-méme modestement témoigne de lui,

> *Libera per vacuum posui vestigia princeps,*
> *Non aliena meo pressi pede.*

Je fu maintesfois avecques prieres admonesté de mes amis faire imprimer ce mien petit labeur, et maintesfois j'ai refusé, apreuvant la sentence de mon sententieus Auteur,

> *Nonumque prematur in annum.*

Et mémement solicité par Joachim du Bellai, duquel le jugement, l'étude pareille, la longue frequentation, et l'ardant desir de reveiller la Poësie Françoise avant nous foible, et languissante (je excepte toujours Heroet, Sceve, et Saint Gelais) nous a rendus presque semblables d'esprit, d'inventions, et de labeur. Je ne te dirai point à present que signifie Strophe, Antistrophe, Epode (laquelle est tousjours differente du Strophe et Antistrophe de nombre, ou de rime) ne quelle estoit la lire, ses coudes, ou ses cornes: aussi peu si Mercure la façonna de l'escaille d'une tortue, ou Polypheme des cornes d'un cerf, atachant les cordes aus cornes du cerf, le creus de la teste servant de concavité résonante: en quel honneur estoient jadis les Poëtes liriques, comme ils accordoient les guerres emeues entre les Rois, et quelle somme d'argent ils prenoient pour louer les hommes: je tairai comme Pindare faisoit chanter les hinnes écris à la louange des

vainqueurs Olympiens, Pithiens, Nemeans, Isthmiens.
Je reserve tout ce discours à un meilleur loisir: si je
voi que telles choses meritent quelque breve exposition, ce ne me sera labeur de te les faire entendre,
mais plaisir, t'assurant que je m'estimerai fortuné,
aiant fait diligence qui te soit agreable. Je ne fai point
de doute que ma Poësie tant varie ne semble facheuse
aus oreilles de nos rimeurs, et principalement des
courtizans, qui n'admirent qu'un petit sonnet petrar-
quizé, ou quelque mignardise d'amour qui continue
tousjours en son propos: pour le moins, je m'assure
qu'ils ne me sçauroient accuser, sans condamner premierement Pindare auteur de telle copieuse diversité,
et oultre que c'est la sauce, à laquelle on doit gouster
l'Ode. Je suis de cette opinion que nulle Poësie se
doit louer pour acomplie, si elle ne ressemble la nature,
laquelle ne fut estimée belle des anciens, que pour estre
inconstante, et variable en ses perfections. Il ne faut
aussi que le volage lecteur me blâme de trop me louer,
car s'il n'a autre argument pour médire que ce point
là, ou mon orthographe, tant s'enfaut que je prenne
égard à tel ignorant, que ce me sera plaisir de l'ouir
japper, et caqueter, aiant pour ma deffence l'exemple
de tous les Poëtes Grecs et Latins. Et pour parler
rondement, ces petis lecteurs Poëtastres, qui ont les
yeus si agus à noter les frivoles fautes d'autrui, le
blâmant pour un A mal écrit, pour une rime non riche,
ou un point superflu, et bref pour quelque legere
faute survenue en l'impression, montrent evidemment
leur peu de jugement, de s'attacher à ce qui n'est rien,
laissant couler les beaus mots sans les louer, ou ad-
mirer. Pour telle vermine de gens ignorantement en-

vieuse ce petit labeur n'est publié, mais pour les gen-
tils espris, ardans de la vertu, et dedaignans mordre
comme les mâtins la pierre qu'ils ne peuvent digerer.
Certes je m'assure que tels debonnaires lecteurs ne me
blâmeront, moi, de me louer quelque fois modestement, ni aussi de trop hautement celebrer les honneurs des hommes favorisés par mes vers, car outre
que ma boutique n'est chargée d'autres drogues que
de louanges, et d'honneurs, c'est le vrai but d'un poete
Liriq de celebrer jusques à l'extremité celui qu'il entreprend de louer. Et s'il ne connoist en lui chose qui soit
digne de grande recommandation, il doit entrer dans
sa race, et là chercher quelqu'un de ses aieus, jadis
braves, et vaillans : ou l'honnorer par le titre de son
païs, ou de quelque heureuse fortune survenue soit à
lui, soit aus siens, ou par autres vagabondes digressions,
industrieusement brouillant ores ceci, ores cela, et par
l'un louant l'autre, tellement que tous deus se sentent
d'une méme louange. Telles inventions encores te
ferai-je veoir dans mes autres livres, où tu pourras (si
les Muses me favorisent comme j'espere) contempler
de plus prés les saintes conceptions de Pindare, et ses
admirables inconstances, que le tens nous avoit si
longuement celées, et ferai encores revenir (si je puis)
l'usage de la lire aujourdhui resuscitée en Italie, laquelle
lire seule doit et peut animer les vers, et leur donner le
juste poix de leur gravité ; n'affectant pour ce livre ici
aucun titre de reputation, lequel ne t'est laché que
pour aller découvrir ton jugement, affin de t'envoier
après un meilleur combatant, au moins si tu ne te
faches dequoi je me travaille faire entendre aus étrangers que nostre langue (ainsi que nous les surpassons

en prouesses, en foi, et religion), de bien loin de-
vanceroit la leur, si ces fameus Sciomaches d'au
jourdhui vouloient prendre les armes pour la defendre,
et victorieusement la pousser dans les pais étrangers.
Mais que doit on esperer d'eus? lesquels étants par-
venus plus par opinion, peut estre, que par raison, ne
font trouver bon aus princes sinon ce qu'il leur plaist;
et ne pouvants souffrir que la clarté brusle leur ignorance, en medisant des labeurs d'autrui deçoivent le
naturel jugement des hommes abusés par leurs mines.
Tel fut jadis Bacchylide à l'entour d'Hieron Roi de
Sicile tant notté par les vers de Pindare: et tel encores
fut le sçavant envieus Challimaq impatient d'endurer
qu'un autre flattast les oreilles de son Roi Ptolémée,
medisant de ceus qui tachoient comme lui de gouter
les mannes de la roialle grandeur. Bien que telles gens
foisonnent en honneurs, et qu'ordinerement on les
bonnette, pour avoir quelque titre de faveur: si mour-
ront ils sans renom, et reputation, et les doctes folies
de poetes survivront les innombrables siecles avenir,
criants la gloire des princes consacrés par eus à l'immortalité.

LES ODES

Au Lecteur

Tu dois sçavoir que toute sorte de Poësie a l'argument propre et convenable à son subject: l'Héroïque, armes, assaults de ville, batailles, escarmouches, conseils et discours de Capitaines: la Satyrique, brocards et reprehensions de vices: la Tragique, morts et miserables accidents de Princes: la Comique, la licence effrenée de la jeunesse, les ruses des Courtizannes, avarice de vieillards, tromperie de valets: la Lyrique, l'amour, le vin, les banquets dissolus, les danses, masques, chevaux victorieux, escrime, joustes et tournois, et peu souvent quelque argument de Philosophie. Pource, Lecteur, si tu vois telles matieres librement escrites, et plusieurs fois redites en ces Odes, tu ne t'en dois esmerveiller, mais tousjours te souvenir des vers d'Horace en son Art poëtique:

> Musa dedit fidibus Divos, puerosque Deorum,
> Et pugilem victorem, et equum certamine primum,
> Et juvenum curas, et libera vina referre.

[Avertissement sur les odes sapphiques.]

Les vers Sapphiques ne sont, ny ne furent, ny ne seront jamais agreables, s'ils ne sont chantez de vive voix, ou pour le moins accordez aux instruments, qui sont la vie, et l'ame de la Poësie. Car Sapphon

chantant ses vers ou accommodez à son Cystre, ou à
quelque Rebec, estant toute rabuffée, à cheveux
mal-agencez et negligez, avec un contour d'yeux languissants et putaciers, leur donnoit plus de grace,
que toutes les trompettes, fifres et tabourins n'en
donnoient aux vers masles et hardis d'Alcée, son
citoyen, et contemporain, faisant la guerre aux Tyrans.

LA FRANCIADE

Au Lecteur

Encore que l'histoire en beaucoup de sortes se conforme à la Poësie, comme en vehemence de parler, harangues, descriptions de batailles, villes, fleuves, mers, montaignes, et autres semblables choses, où le Poëte ne doibt non plus que l'Orateur falsifier le vray, si est-ce quand à leur sujet ils sont aussi eslongnez l'un de l'autre que le vraysemblable est eslongné de la verité. L'Histoire reçoit seulement la chose comme elle est, ou fut, sans desguisure ny fard, et le Poëte s'arreste au vraysemblable, à ce qui peut estre, et à ce qui est desja receu en la commune opinion. Je ne veux conclure qu'on doive effacer du rang des Poëtes un grand nombre de Grecs et Latins, pour honnorer d'un si venerable tiltre Homere, Virgile, et quelques autres pareils d'invention et de sujet: j'ose seulement dire (si mon opinion a quelque poix) que le Poëte qui escrit les choses comme elles sont, ne merite tant que celuy qui les feint, et se recule le plus qu'il luy est possible de l'historien: non toutefois pour feindre une Poësie fantastique comme celle de l'Ariose, de laquelle les membres sont aucunement beaux, mais le corps est tellement contrefaict et monstrueux qu'il ressemble mieux aux resveries d'un malade de fievre continue qu'aux inventions d'un homme bien sain. Il faut que l'Historien de poinct en poinct, du com-

mencement jusqu'à la fin, deduise son œuvre, où le
Poëte s'acheminant vers la fin, et redevidant le fuzeau
au rebours de l'Histoire, porté de fureur et d'art (sans
toutesfois se soucier beaucoup des reigles de Grammaire) et sur tout favorisé d'une prevoyance et naturel
jugement, face que la fin de son ouvrage par une
bonne liaison se raporte au commencement. Je dy
cecy pource que la meilleure partie des nostres pense
que la Franciade soit une histoire des Rois de France,
comme si j'avois entrepris d'estre Historiographe et
non Poëte: bref ce livre est un roman comme l'Iliade
et l'Æneïde, où par occasion le plus brefvement que
je puis je traitte de nos Princes, d'autant que mon but
est d'escrire les faits de Françion, et non de fil en fil,
comme les Historiens, les gestes de nos Rois. Et si je
parle de nos Monarques plus longuement que l'art
Virgilien ne le permet: tu dois sçavoir, Lecteur, que
Virgile (comme en toutes autres choses) en cette-cy,
est plus heureux que moy, qui vivoit sous Auguste
second Empereur, tellement que n'estant chargé que
de peu de Rois et de Césars, ne devoit beaucoup al-
longer le papier, où j'ay le faix de soixante et trois
Rois sur les bras. Et si tu me dis que d'un si grand
nombre je ne devois eslire que les principaux: je te
responds que Charles notre Seigneur et Roy par une
genereuse et magnanime candeur, n'a voulu permettre
que ses ayeulx fussent preferez les uns aux autres, à
fin que la bonté des bons, et la malice des mauvais, luy
fussent comme un exemple domestique, pour le retirer du vice, et le pousser à la vertu. Au reste, j'ai
patronné mon œuvre (dont ces quatre premiers livres
te serviront d'eschantillon) plustost sur la naïve

facilité d'Homere, que sur la curieuse diligence de
Virgile, imitant toutesfois à mon possible de l'un et de
l'autre l'artifice et l'argument plus basty sur la vraysemblance que sur la verité : car pour ne dissimuler ce
qu'il m'en semble je ne sçaurois croire qu'une armée
Grecque aye jamais combatu dix ans devant Troye : le
combat eust esté de trop longue durée, et les chevaliers
y eussent perdu le courage, absents si longtemps de
leurs femmes, enfans et maisons : aussi que la coustume
de la guerre ne permet qu'on combate si longuement
devant une forte ville, en un païs estranger. Et davantage je ne sçaurois croire que Priam, Hector, Poly-
dame, Alexandre, et mille autres tels ayent jamais
esté, qui ont tous les noms Greqs, inventez par
Homere : car si cela estoit vray, les chevaliers Troyens
eussent porté le nom de leur païs Phrygien, et est bien
aisé à cognoistre par les mesmes noms, que la guerre
Troyenne a esté feinte par Homere, comme quelques
graves auteurs ont fermement assuré : les fables qui en
sont sorties depuis sont toutes puisées de la source de
cest Homere, lequel comme fils d'un Dæmon, ayant
l'esprit surnaturel, voulant s'insinuer en la faveur et
bonne grace des Æacides, et aussi (peut estre) que le
bruit de telle guerre estoit receu en la comune opinion
des hommes de ce temps là, entreprit une si divine et
parfaite Poësie pour se rendre et ensemble les Æacides
par son labeur à jamais treshonorez. Je sçay bien que
la plus grande partie des Historiens et Poëtes sont du
costé d'Homere, mais quand à moy je pense avoir dit
la verité, me soumetant toujours à la correction de la
meilleure opinion. Autant en faut estimer de Virgile,
lequel lisant en Homere, qu'Ænée ne devoit mourir à

3-2

la guerre Troyenne, et que sa posterité releveroit le nom Phrygien, et voyant que les vieilles Annales de son temps portoyent qu'Ænée avoit fondé la ville d'Alba, où depuis fut Rome, pour gaigner la bonne grace des Cesars, qui se vantoyent estre sortis d'Iüle fils d'Ænée, conceut ceste divine Æneide qu'aveq toute reverence nous tenons encores aujourd'huy entre les mains. Suivant ces deux grands personnages j'ay fait le semblable : car voyant que le peuple François tient pour chose tresassurée selon les Annales, que Francion fils d'Hector, suivy d'une compagnie de Troyens, apres le sac de Troye, aborda aux palus Mæotides, et de là plus avant en Hongrie : j'ay allongé la toille, et l'ay fait venir en Franconie, à laquelle il donna le nom, puis en Gaule, fonder Pâris, en l'honneur de son oncle Pâris. Or'il est vray-semblable que Francion a fait tel voyage, d'autant qu'il le pouvoit faire, et sur ce fondement de vraysemblance, j'ay basti ma Franciade de son nom : les esprits conçoivent aussi bien que les corps. Ayant donc une extresme envie d'honorer la maison de France, et par sur tout le Roy Charles neufiesme mon Prince, non seulement digne d'estre loué de moy, mais des meilleurs escrivains du monde par ses heroiques et divines vertus, et dont l'esperance ne promet rien de moins aux François que les heureuses victoires de Charlemaigne son ayeul, comme sçavent ceux qui ont cet honeur de le cognoistre de pres, et ensemble desirant de perpetuer mon renom à l'immortalité : fondé sur le bruit commun, et sur la vieille creance des Chroniques de France, je n'ay sceu trouver un plus excellent sujet que cestui-cy. Or' comme les femmes qui sont prestes d'enfanter choisissent un bon air, une saine maison, un riche parrain pour tenir leur enfant, ainsi j'ay choisi le plus riche argument, les plus beaux vers et le plus insigne parrain de l'Europe pour honorer mon livre, et soutenir mon labeur. Et si tu me dis, Lecteur, que je devois composer mon ouvrage en vers Alexandrins, pource qu'ils sont pour le jourd'huy plus favorablement receuz de nos Seigneurs et Dames de la Court, et de toute la jeunesse Françoise, lesquels vers j'ay remis le premier en honeur, je te responds qu'il m'eust esté cette fois plus aisé d'escrire mon œuvre en vers Alexandrins qu'aux autres, d'autant qu'ils sont plus longs, et par consequent moins sujets, sans la honteuse conscience que j'ay qu'ils sentent trop leur prose. Or tout ainsi que je ne les aprouve du tout, si ce n'est en tragedies ou versions, aussi je ne les veux du tout condamner, j'en laisse à chacun son libre jugement pour en user comme il voudra. Je revien seulement à ce qui touche mon fait. Je ne doute qu'on ne m'accuse de peu d'artifice en ce que la harangue de Jupiter au commencement de mon premier livre est trop longue, et que je ne devois commencer par là. Tu dois sçavoir que trente lignes de Latin vallent plus de soixante de nostre François, et aussi qu'il fallait que je me servisse de l'industrie des Tragiques, où quand le Poëte ne peut desmesler son dire, et que la chose est douteuse, il fait tousjours comparoistre quelque Dieu pour esclaircir l'obscur de la matiere. Les hommes ne sçavoient comme Francion avoit esté sauvé du sac de Troye, un seul Jupiter le sçavoit : pource, j'ay esté contraint de l'introduire pour mieux desnouër la doute, et donner à comprendre le fait, et mesmes à Junon laquelle est prinse icy comme presque en tous autres

Poëtes pour une maligne necessité qui contredit souvent aux vertueux, comme elle fit à Hercule : mais la prudence humaine est maistresse de telle violente fatalité. Si tu vois beaucoup de Feintes en ce premier livre comme la descente de Mercure, l'ombre d'Hector, la venue de Cybele, Mars transformé, j'ay esté forcé d'en user, pour persuader aux exilez de Troye que Francion estoit fils d'Hector, lesquels autrement ne l'eussent creu, d'autant qu'ils pensoient que le vray fils d'Hector estoit mort, et aussi que Francion avoit tousjours esté assez pauvrement nourri, sans autorité Royalle, ny aucun degré de mediocre dignité. Quelque autre curieux en l'œuvre d'autruy me reprendra dequoy je n'ay suivy la perfecte reigle de Poësie, ne commenceant mon livre par la fin, comme faisant embarquer Francion encore jeune, et mal experimenté : celuy doit entendre qu'Helenin son oncle l'avoit desja envoyé en plusieurs beaux voyages, pratiquer les mœurs des peuples, et des Rois : et qu'à son retour en Cahonie où son Oncle et sa mere habitoyent, fut pressé de partir par la contrainte du destin, imitant en cecy plustost Apolloine Rhodien que Virgile, d'autant qu'il m'a semblé meilleur de le faire ainsi : et si tu me dis qu'il combat trop tost, et en trop bas aage le Tyran Phouere, je te responds qu'Achille combatit en pareil aage, et renversa les forteresses des alliez de Troye, ayant à peine laissé la robbe de femme qu'il portoit. Son fils Pyrrhe fit de mesme, et beaucoup davantage si nous voulons croire à Quinte Calabrois. Or, Lecteur, pour ne te vouloir trop vendre ma marchandise, ny aussi pour la vouloir trop mepriser, je te dy qu'il ne se trouve point de livre parfait, et moins le mien,

auquel je pourray selon la longueur de ma vie, le jugement, et la syncere opinion de mes amis, adjouter ou
diminuer, comme celuy qui ne jure en l'amour de
soymesmes, ny en l'opiniastreté de ses inventions. Je
te supliray seulement d'une chose, lecteur, de vouloir
bien prononcer mes vers et accomoder ta voix à leur
passion, et non comme quelques uns les lisent, plustost à la façon d'une missive, ou de quelques lettres
Royaux que d'un Poëme bien prononcé : et te suplie
encore derechef où tu verras cette merque ! vouloir un
peu eslever ta voix pour donner grace à ce que tu liras.
Bref quand tu auras acheté mon livre je ne te pourray
empescher de le lire ny d'en dire ce qu'il te plaira
comme estant chose tienne, mais devant que me condamner, tu pourras retenir ce Quatrin par lequel j'ay
fermé ce preface pour fermer la bouche à ceux qui de
nature sont envieux du bien et de l'honneur d'autruy.

> Un list ce livre pour aprendre,
> L'autre le list comme envieux :
> Il est aisé de me reprendre
> Mais malaisé de faire mieux.

Tu excuseras les fautes de l'Imprimeur : car tous les
yeux d'Argus n'y verroient assez clair, mesme en la
premiere impression.

LA FRANCIADE

PRÉFACE DE 1573

Au Lecteur

J'ay Lecteur, à la façon d'Apelle, exposé mon ouvrage au public, afin d'entendre le jugement et l'arrest d'un chacun, qu'aussi volontairement je reçoy, que je le pense candidement prononcé. Et ne suis point si opiniastre, que je ne vueille au premier admonestement d'un homme docte, non passionné, et bien versé en la poësie, recevoir toute amiable correction : car ce n'est pas vice de s'amender, mais c'est extreme malice de persister en son peché. Pource par le conseil de mes plus doctes amis j'ay changé, mué, abregé, alongé beaucoup de lieux en ma Franciade pour la rendre plus parfaicte, et luy donner sa derniere main. Et voudrois de toute affection que nos François daignassent faire le semblable, nous ne verrions tant d'ouvrages avortez, lesquels pour n'oser endurer la lime et parfaicte polissure, n'aportent que deshonneur à l'ouvrier, et à nostre France une mauvaise reputation.

LA FRANCIADE

Au Lecteur Apprentif

*Carmen reprehendite quod non
Multa dies et multa litura coërcuit, atque
Præsectum decies non castigavit ad unguem.*

Il ne faut t'esmerveiller, Lecteur, de quoy je n'ay composé ma Franciade en vers Alexandrins, qu'autrefois en ma jeunesse, par ignorance, je pensois tenir en nostre langue le rang des Carmes heroïques, encores qu'ils respondent plus aux senaires des Tragiques qu'aux magnanimes vers d'Homere et de Virgile, les estimànt pour lors plus convenables aux magnifiques arguments et aux plus excellentes conceptions de l'esprit, que les autres vers communs. Depuis j'ay veu, cogneu, et pratiqué par longue experience, que je m'estois abusé : car ils sentent trop la prose tresfacile, et sont trop enervez et flaques, si ce n'est pour les traductions, ausquelles à cause de leur longueur ils servent de beaucoup pour interpreter le sens de l'Aucteur qu'on entreprend de traduire. Au reste, ils ont trop de caquet, s'ils ne sont bastis de la main d'un bon artisan, qui les face autant qu'il luy sera possible hausser, comme les peintures relevées, et quasi separer du langage commun, les ornant et enrichissant de Figures, Schemes, Tropes, Metaphores, Phrases et periphrases eslongnées presque du tout, ou pour le moins separées de la prose triviale et vulgaire (car le style prosaïque est ennemi capital de l'eloquence poëtique) et les illustrant de comparaisons bien adaptées, de descriptions florides, c'est à dire enrichies de passements, broderies, tapisseries et entrelassements de fleurs poëtiques, tant pour representer la chose, que pour l'ornement et splendeur des vers, comme ceste brave et tresexcellente description du Sacerdote de Cybele Cloreus, en l'onziesme livre des Æneides : et le catalogue des Capitaines envoyez à la guerre : puis la fin du septiesme livre des Æneides : et cette inveterée querelle de ces deux bonnes Dames Junon et Venus au dixiesme. Relisant telles belles conceptions, tu n'auras cheveu en teste qui ne se dresse d'admiration. Et encore d'avantage, si tu lis attentivement le 8. du mesme autheur, quand Venus flatte et enjole son mary Vulcan pour le persuader de forger des armes à son fils Ænée :

> *Dixerat, et niveis hinc atque hinc Diva lacertis,*

jusques au vers

> *Hæc pater Æoliis properat dum Lemnius oris.*

Et davantage si tu lis ceste oraison indignée et farouche de Iarbas à Jupiter son pere, où tu verras un *fœmina*, un *littus arandum*

> *Et nunc ille Paris cum semiviro comitante,*

et cette lamentation miserable de la pauvre vieille, mere d'Euriale, voyant la teste de son fils fichée sur le haut d'une lance, il n'y a cœur si dur qui se peust contenir de pleurer. Et cette brave vanterie de Numanus, beaufrere de Turne, qui se commence *Is primam ante aciem*, jusques à ce vers *Talia jactante dictis*, et la colere

d'Hercule tuant Cacus : et ceste lamentable plainte de
Mezance sur le corps mort de son fils Lauzus, et mille
autres telles ecstatiques descriptions, que tu liras en
un si divin aucteur, lesquelles te feront Poëte, encores
que tu fusses un rocher, t'imprimeront des verves, et
t'irriteront les naifves et naturelles scintilles de l'ame
que dés la naissance tu as receues, t'inclinans plus tost
à ce mestier que à cestuy-là : car tout homme dés le
naistre reçoit en l'ame je ne sçay quelles fatales im-
pressions, qui le contraignent suivre plustost son
Destin que sa volonté.

Les excellens Poëtes nomment peu souvent les
choses par leur nom propre. Virgile voulant descrire
le jour ou la nuict, ne dit point simplement et en
paroles nues, Il estoit jour, il estoit nuict : mais par
belles circonlocutions,

> *Postera Phœbea lustrabat lampade terras*
> *Humentesque Aurora polo dimoverat umbras.*

> *Nox erat et placidum carpebant fessa soporem*
> *Corpora per terras, sylvæque et sæva quierant*
> *Æquora, cum medio volvuntur sidera lapsu,*
> *Quum tacet omnis ager, pecudes, pictæque volucres.*

et mille autres. Ceste Virgiliane description de la
nuict est prise presque de mot à mot d'Apolloine
Rhodien. Voy comme il descrit le printemps.

> *Vere novo gelidus canis cum montibus humor*
> *Liquitur, et Zephyro putris se gleba resoluit.*

Labourer, *vertere terram.* Filer, *tolerare vitam colo,*
tenuique Minerva. Le pain, *Dona laboratæ Cereris.* Le
vin, *Pocula Bacchi.* Telles semblables choses sont plus

belles par circonlocutions, que par leurs propres noms :
mais il en fault sagement user : car autrement tu ren-
drois ton ouvrage plus enflé et bouffi que plein de
majesté. Tu n'oubliras les descriptions du lever et
coucher du Soleil, les Signes qui se levent et couchent
avec luy, ni les serenitez, orages et tempestes.

> *Ipse pater media nimborum in nocte corusca*
> *Fulmina molitur dextra.*   Puis,
>
>   *...ille flagranti*
> *Aut Athon aut Rhodopem aut alta Ceraunia telo*
> *Dejicit, ingeminant Austri et densissimus imber.*

Tu enrichiras ton Poëme par varietez prises de la
Nature, sans extravaguer comme un frenetique. Car
pour vouloir trop eviter, et du tout te bannir du parler
vulgaire, si tu veux voler sans consideration par le
travers des nues, et faire des grotesques, Chimeres et
monstres, et non une naifve et naturelle poesie, tu
seras imitateur d'Ixion, qui engendra des Phantosmes
au lieu de legitimes et naturels enfans. Tu dois
davantage, Lecteur, illustrer ton œuvre de paroles
recherchées et choisies, et d'arguments renforcez,
tantost par fables, tantost par quelques vieilles histoires, pourveu qu'elles soient briefvement escrites et
de peu de discours, l'enrichissant d'Epithetes significatifs et non oisifs, c'est à dire qui servent à la substance des vers, et par excellentes, et toutefois rares
sentences. Car si les sentences sont trop frequentes en
ton œuvre Heroique, tu le rendras monstrueux, comme si tout ton corps n'estoit composé que d'yeux et
non d'autres membres, qui servent beaucoup au commerce de nostre vie : si ce n'estoit en la Tragedie et

Comedie, lesquelles sont du tout didascaliques et en-
seignantes, et qu'il faut qu'en peu de paroles elles
enseignent beaucoup, comme mirouers de la vie
humaine : d'autant qu'elles sont bornées et limitées de
peu d'espace, c'est à dire d'un jour entier.

Les plus excellens maistres de ce mestier les com-
mençent d'une minuict à l'autre, et non du poinct du
jour au Soleil couchant, pour avoir plus d'estendue et
de longueur de temps.

Le poëme Heroïque, qui est tout guerrier, comprend seulement les actions d'une année entiere : et
semble que Virgile y ait failli, selon que luy mesme
l'escrit.

> *Annuus exactis completur mensibus orbis,*
> *Ex quo relliquias divinique ossa parentis*
> *Condidimus terra.*

Il y avoit desja un an passé, quand il feit les jeux
funebres de son pere en Sicile, et toutefois il n'aborda
de longtemps apres en Italie.

Tous ceux qui escrivent en Carmes, tant doctes
puissent ils estre, ne sont pas Poëtes. Il y a autant de
difference entre un Poëte et un versificateur, qu'entre
un bidet et un genereux coursier de Naples, et pour
mieux les accomparer, entre un venerable Prophete et
un Charlatan vendeur de triacles. Il me semble quand
je les voy armez de mesmes bastons que les bons
maistres, c'est à dire des mesmes vers, des mesmes
couleurs, des mesmes nombres et pieds dont se servent
les bons autheurs, qu'ils ressemblent à ces Hercules
desguisez és Tragedies, lesquels acheptent la peau d'un
Lion chez un peletier, une grosse massue chez un

charpentier, et une fausse perruque chez un attiffeur : mais quand ce vient à combatre quelque Monstre, la massue leur tombe de la main, et s'enfuient du combat comme couards et poltrons. Ces versificateurs se contentent de faire des vers sans ornement, sans grace et sans art, et leur semble avoir beaucoup fait pour la Republique, quand ils ont composé de la prose rimée. Au contraire, le Poëte heroïque invente et forge argumens tous nouveaux, faict entreparler les Dieux aux hommes, et les hommes aux Dieux, faict haranguer les Capitaines comme il fault, descrit les batailles et assaults, factions et entreprises de guerre : se mesle de conjecturer les augures, et interpreter les songes, n'oublie les expiations et les sacrifices que l'on doit à la divinité : tantost il est Philosophe, tantost Medecin, Arboriste, Anatomiste, et Jurisconsulte, se servant de l'opinion de toutes sectes, selon que son argument le demande. Bref, c'est un homme, lequel comme une mousche à miel delibe et succe toutes fleurs, puis en fait du miel et son profit selon qu'il vient à propos. Il a pour maxime tresnecessaire en son art, de ne suivre jamais pas à pas la verité, mais la vray-semblance, et le possible : et sur le possible et sur ce qui se peut faire, il bastit son ouvrage, laissant la veritable narration aux Historiographes, qui poursuivent de fil en esguille, comme on dit en proverbe, leur subject entrepris du premier commencement jusques à la fin. Au contraire, le Poëte bien advisé, plein de laborieuse industrie, commence son œuvre par le milieu de l'argument, et quelquefois par la fin : puis il deduit, file et poursuit si bien son argument par le particulier accident et evenement de la matiere qu'il s'est proposé d'escrire, tantost par personnages parlans les uns aux autres, tantost par songes, propheties et peintures inserées contre le dos d'une muraille et des harnois, et principalement des boucliers, ou par les dernieres paroles des hommes qui meurent, ou par augures et vol d'oiseaux et phantastiques visions de Dieux et de demons, ou monstrueux langages des chevaux navrez à mort: tellement que le dernier acte de l'ouvrage se cole, se lie et s'enchesne si bien et si à propos l'un dedans l'autre, que la fin se rapporte dextrement et artificiellement au premier poinct de l'argument. Telles façons d'escrire, et tel art plus divin que humain est particulier aux Poëtes, lequel de prime face est caché au Lecteur, s'il n'a l'esprit bien rusé pour comprendre un tel artifice. Plusieurs croyent que le Poëte et l'Historien soient d'un mesme mestier: mais ils se trompent beaucoup: car ce sont divers artisans, qui n'ont rien de commun l'un avecques l'autre, sinon les descriptions des choses, comme batailles, assauts de montaignes, forests et rivieres, villes, assietes de camp, stratagemes, nombre des morts, conseils et pratiques de guerre: en cela il ne faut point que le Poëte faille non plus que l'Historien. Au reste, ils n'ont rien de commun (comme j'ay dict) sinon que l'un ne l'autre ne doit jamais mentir contre la verité de la chose, comme a failli Virgile au temps, c'est à dire en la Chronique, lequel a faict Didon fille de Belus estre du temps d'Aenée, encore qu'elle fut cent ans devant pour le moins: mais il inventa telle ruse pour gratifier Auguste et le peuple Romain vainqueur de Carthage, donnant par les imprecations de Didon commencement de haine et de discorde mortelle entre ces deux florissantes nations. La plus grande partie de ceux qui escrivent de nostre temps, se trainent enervez à fleur de terre, comme foibles chenilles, qui n'ont encore la force de grimper aux festes des arbres, lesquelles se contentent seulement de paistre la basse humeur de la terre, sans affecter la nourriture des hautes cimes, ausquelles elles ne peuvent attaindre à cause de leur imbecillité. Les autres sont trop ampoulez, et presque crevez d'enfleures comme hydropiques, lesquels pensent n'avoir rien fait d'excellent, s'il n'est extravagant, crevé et bouffy, plein de songes monstrueux et paroles piafées, qui resemblent plustost à un jargon de gueux ou de Boëmiens, qu'aux paroles d'un Citoyen honneste et bien appris. Si tu veux demembrer leurs carmes, tu n'en feras sortir que du vent, non plus que d'une vessie de pourceau pleine de pois, que les petits enfans crevent pour leur servir de joüet.

Les autres plus rusez tiennent le milieu des deux, ny rampans trop bas, ny s'eslevant trop haut au travers des nues, mais qui d'artifice et d'un esprit naturel elabouré par longues estudes, et principalement par la lecture des bons vieux Poetes Grecs et Latins, descrivent leurs conceptions d'un style nombreux, plein d'une venerable Majesté, comme a faict Virgile en sa divine Aeneide. Et n'en cherche plus d'autres, Lecteur, en la langue Romaine, si ce n'estoit de fortune Lucrece : mais parce qu'il a escrit ses frenesies, lesquelles il pensoit estre vrayes selon sa secte, et qu'il n'a pas basti son œuvre sur la vraysemblance et sur le possible, je luy oste du tout le nom de Poete, encore que quelques vers soient non seulement excellens, mais divins. Au reste, les autres Poetes Latins ne sont que naquets

de ce brave Virgile, premier Capitaine des Muses, non
pas Horace mesmes, si ce n'est en quelques-unes de ses
Odes, ny Catulle, Tibulle, et Properce, encore qu'ils
soient tres-excellents en leur mestier: si ce n'est
Catulle en son Athis, et aux Nopces de Peleus: le reste
ne vaut la chandelle. Stace a suivi la vraysemblance
en sa Thebaide. De nostre temps, Fracastor s'est
monstré tresexcellent en sa Syphillis, bien que ses vers
soient un peu rudes. Les autres vieils Poetes Romains
comme Lucain et Silius Italicus, ont couvert l'histoire
du manteau de Poesie: ils eussent mieux fait à mon
advis, en quelques endroits d'escrire en prose.
Claudian est Poete en quelques endroits, comme au
Ravissement de Proserpine: le reste de ses œuvres ne
sont que Histoires de son temps, lequel comme les
autres s'est plus estudié à l'enflure qu'à la gravité. Car
voyans qu'ils ne pouvoient egaler la majesté de Virgile,
se sont tournez à l'enflure, et à je ne sçay quelle poincte,
et argutie monstrueuse, estimants les vers estre les
plus beaux, ceux qui avoient le visage plus fardé de
telle curiosité. Il ne faut s'esmerveiller, si j'estime
Virgile plus excellent et plus rond, plus serré et plus
parfaict que tous les autres, soit que dés ma jeunesse
mon Regent me le lisoit à l'escole, soit que depuis je
me sois fait une Idée de ses conceptions en mon esprit
(portant tousjours son livre en la main) ou soit que
l'ayant appris par cœur dés mon enfance, je ne le
puisse oublier.

   Au reste, Lecteur, je te veux bien advertir, que le
bon Poëte jette tousjours le fondement de son ouvrage
sur quelques vieilles Annales du temps passé, ou re-
nommée inveterée, laquelle a gaigné credit aux cerveaux

R   4

des hommes. Comme Virgile sur la commune re-
nommée, qu'un certain Troyen nommé Aenée, chanté
par Homere, est venu aux bords Laviniens, luy, ses
navires et son fils, où depuis Rome fut bastie, encores
que le dict Aenée ne vint jamais en Italie: mais il
n'estoit pas impossible qu'il n'y peust venir. Sur telle
opinion desja receuë du peuple il bastit son livre de
l'Aeneide. Homere au paravant luy en avoit fait de
mesme, lequel fondé sur quelque vieil conte de son
temps de la belle Heleine et de l'armée des Grecs à
Troye, comme nous faisons des contes de Lancelot, de
Tristan, de Gauvain et d'Artus, fonda là dessus son
Iliade. Car les propres noms des Capitaines et soldats
Troyens qui parloient Phrygien, et non Grec, et
avoient les noms de leur nation, monstrent bien
comme evidemment ce n'est qu'une fiction de toute
l'Iliade, et non verité: comme de Hector, Priam,
Polydamas, Anthenor, Deiphœbus, Cassandre, Hele-
nus, et presque tous les autres forgez au plaisir
d'Homere.

Or imitant ces deux lumieres de Poësie, fondé et
appuyé sur nos vieilles Annales, j'ay basti ma Franciade, sans me soucier si cela est vray ou non, ou si nos
Roys sont Troyens ou Germains, Scythes ou Arabes:
si Francus est venu en France ou non: car il y pouvoit
venir, me servant du possible, et non de la verité.
C'est le faict d'un Historiographe d'esplucher toutes
ces considerations, et non aux Poëtes, qui ne cherchent
que le possible: puis d'une petite scintille font naistre
un grand brazier, et d'une petite cassine font un
magnifique palais, qu'ils enrichissent, dorent et embel-
lissent par le dehors de marbre, jaspe et porphire, de

guillochis, ovalles, frontispices et pieds-destals, frises
et chapiteaux, et par dedans de tableaux, tapisseries
eslevées et bossées d'or et d'argent, et le dedans des
tableaux cizelez et burinez, raboteux et difficile à tenir
és mains, à cause de la rude engraveure des personnages
qui semblent vivre dedans. Apres ils adjoustent ver-
gers et jardins, compartimens et larges allées, selon que
les Poëtes ont un bon esprit naturel et bien versé en
toutes sciences et dignes de leur mestier: car la plus
part ne fait rien qui vaille, semblables à ces apprentifs
qui ne sçavent que brayer les couleurs, et non pas
peindre. Souvienne toy, Lecteur, de ne laisser passer
soubs silence l'histoire ny la fable appartenant à la
matiere, et la nature, force, et proprietez des arbres,
fleurs, plantes et racines, principalement si elles sont
anoblies de quelques vertus non vulgaires, et si elles
servent à la medecine, aux incantations et magies, et
en dire un mot en passant par quelque Epithete, ou
pour le moins par un demi-vers. Nicandre autheur
Grec t'en monstrera le chemin: et Columelle en son
Jardin, ouvrage autant excellent que tu le sçaurois
desirer. Tu n'oubliras aussi ny les montaignes, forests,
rivieres, villes, republiques, havres et ports, cavernes
et rochers, tant pour embellir ton œuvre par là, et le
faire grossir en un juste volume, que pour te donner
reputation et servir de marque à la posterité. Quant
aux Capitaines et conducteurs d'armées et soldats, tu
en diras les peres et les meres, ayeux, villes et habille-
ments, et leurs naissances, et feras une fable là dessus,
s'il en est besoin, comme

Hic Ammone satus rapta Garamantide Nympha.

4-2

Puis en un autre lieu parlant d'Hypolite :

Insignem quem mater Aritia misit
Eductum Egeriæ lucis Hymetia circum
      Littora.

Puis autre part, parlant d'Helenor qui estoit tombé de la tour demy bruslé :

      Quorum primævus Helenor
Mæonio regi quem serva Licinia furtim
Sustulerat, vetitisque ad Trojam miserat armis.

Quant aux habillemens, tu les vestiras tantost de la peau d'un lion, tantost d'un ours, tantost

Demissa ab læva Panthæræ terga retorquens.

Tu n'oublieras à fortifier et asseurer ton esprit (s'il est en doute) ou par un augure, ou par un oracle, comme

At rex sollicitus monstris oracula Fauni
Fatidici genitoris adit.   Puis,
Aspice bis senos lætantes agmine Cycnos.

Et en une autre part,

Ecce levis summo de vertice visus Jüli
Fundere lumen apex.

Il ne fault aussi oublier les admonestemens des Dieux transformez en vulgaires.

      Forma tum vertitur oris
Antiquum in Buten, hic Dardanio Anchisa
Armiger ante fuit.

Tu ne transposeras jamais les paroles ny de ta prose ny de tes vers : car nostre langue ne le peult porter, non plus que le Latin un solecisme. Il fault dire, Le Roy

alla coucher de Paris à Orleans, et non pas, A Orleans
de Paris le Roy coucher alla.

J'ay esté d'opinion en ma jeunesse, que les vers qui
enjambent l'un sur l'autre, n'estoient pas bons en
nostre Poesie : toutefois j'ay cognu depuis le contraire
par la lecture des bons Autheurs Grecs et Romains,
comme

> *Lavinia venit*
> *Littora.*

J'avois aussi pensé, que les mots finissans par voyeles
et diphthongues, et rencontrans apres un autre vocable
commençant par une voyele ou diphtongue, rendoit le
vers rude : j'ay appris d'Homere et de Virgile, que cela
n'estoit point mal-seant, comme, *sub Ilio alto. Ionio in
magno.* Homere en est tout plein. Je m'asseure que
les envieux caqueteront, de quoy j'allegue Virgile plus
souvent qu'Homere qui estoit son maistre, et son
patron : mais je l'ay fait tout expres, sçachant bien que
nos François ont plus de cognoissance de Virgile, que
d'Homere et d'autres Autheurs Grecs. Je suis d'advis
de permettre quelque licence à nos Poetes François,
pourveu qu'elle soit rarement prise. De là sont tant
de belles figures que les Poetes en leur fureur ont
trouvées, franchissans la Loy de Grammaire, que
depuis les Orateurs de sens rassis ont illustrées, et
quasi baillé cours et credit, faisans leur profit de la folie
d'autruy.

Quant aux comparaisons dont j'ay parlé au commencement assez briefvement, tu les chercheras des
artisans de fer et des veneurs, comme Homere,
pescheurs, architectes, massons, et brief de tous

mestiers dont la nature honore les hommes. Il fault
les bien mettre et les bien arranger aux lieux propres
de ta Poesie : car ce sont les nerfs et tendons des Muses,
quand elles sont placées bien à propos, et servantes en
la matiere : sinon, elles sont du tout ridicules et dignes
du foüet. Ne sois jamais long en tes discours, si ce
n'est que tu vueilles faire un livre tout entier de ce
mesme subjet. Car la Poesie Heroïque qui est dra-
matique, et qui ne consiste qu'en action, ne peut
longuement traicter un mesme subjet, mais passer de
l'un à l'autre en cent sortes de varietez. Il ne faut
oublier de faire à la mode des anciens, des courtoisies
aux estrangers, de magnifiques presens de Capitaine à
Capitaine, de soldat à soldat, tant pour commencer
amitié, que pour renouveller l'ancienne, et pour avoir
de pere en fils logé les uns chez les autres. Tu embel-
liras de braves circonstances tes dons, et ne les pre-
senteras tout nuds ny sans ornement, comme le present
du Roy Latin à Aenée.

> *Stabant ter centum nitidi in præsepibus altis.*
> *Omnibus extemplo Teucris jubet ordine duci*
> *Instratos ostro alipedes, pictisque tapetis*
> *Aurea pectoribus demissa monilia pendent,*
> *Tecti auro fulvum mandunt sub dentibus aurum.*
> *Absenti Aeneæ currum, geminosque jugales*
> *Semine ab æthereo spirantes naribus ignem,*
> *Illorum de gente, patri quos Dædala Circe*
> *Supposita de matre nothos furata creavit.*

Et au cinquiéme,

> *Ipsis præcipuos ductoribus addit honores,*
> *Victori chlamidem auratam.*

Un mediocre Poëte se fust contenté de cela, et n'eust pas adjousté

Purpura Mæandro duplici Melibœa cucurrit.

Encores moins,

Intextusque puer frondosa regius Ida
Veloces jaculo cervos cursuque fatigat,
Acer anhelanti similis.

Encore jamais un mauvais Poete ne se fust souvenu de ce divin hemistiche,

Sævitque canum latratus in auras.

Tu n'oublieras à faire armer les Capitaines comme il faut, de toutes les pieces de leur harnois, soit que tu les appelles par leur nom propre, ou par periphrases : car cela apporte grand ornement à la Poesie Heroique.

Tu n'oublieras aussi la piste et battement de pied des chevaux, et representer en tes vers la lueur et la splendeur des armes frappées de la clarté du Soleil, et à faire voler les tourbillons de poudre soubs le pied des Soldats et des Chevaux, courants à la guerre, le cry des Soldats, froissis de picques, brisement de lances, ac-crochement de haches, et le son diabolique des canons et harquebuses qui font trembler la terre, froisser l'air d'alentour. Si tu veux faire mourir sur le champ quelque Capitaine ou Soldat, il le faut navrer au plus mortel lieu du corps, comme le cerveau, le cœur, la gorge, les aines, le diafragme : et les autres que tu veux seulement blesser, és parties qui sont les moins mortelles : et en cela tu dois estre bon anatomiste. Si quelque excellent homme meurt, tu n'oublieras son

Epitaphe en une demie ligne, ou une au plus, engra-
vant dans tes vers les principaux oustils de son mestier,
comme de Misene qui avoit esté trompette d'Hector,
puis avoit tiré la rame de bonne volonté soubs Aenée:
car c'estoit anciennement l'exercice de grands Heroes
et Capitaines, et mesme de ces quarante Chevaliers
qui allerent avec Jason en Colchos. Tu seras indus-
trieux à esmouvoir les passions et affections de l'ame,
car c'est la meilleure partie de ton mestier, par des
carmes qui t'esmouveront le premier, soit à rire ou à
pleurer, afin que les lecteurs en facent autant apres toy.

Tu n'oublieras jamais de rendre le devoir qu'on doit
à la divinité, oraisons, prieres, et sacrifices, commençant et finissant toutes tes actions par Dieu, auquel les
hommes attribuent autant de noms qu'il a de puissances et de vertus, imitateur d'Homere et de Virgile
qui n'y ont jamais failli.

Tu noteras encores, Lecteur, ce poinct qui te menera
tout droict au vray chemin des Muses: c'est que le
Poete ne doit jamais prendre l'argument de son œuvre,
que trois ou quatre cens ans ne soient passez pour le
moins, afin que personne ne vive plus de son temps,
qui le puisse de ses fictions et vrayes semblances con-
vaincre, invoquant les Muses qui se souviennent du
passé, et prophetisent l'advenir, pour l'inspirer et con-
duire plus par fureur divine que par invention humaine. Tu imiteras les effects de la nature en toutes tes
descriptions, suyvant Homere. Car s'il fait bouillir de
l'eau en un chaudron, tu le verras premier fendre son
bois, puis l'allumer et le soufler, puis la flame en-
vironner la panse du chaudron tout à l'entour, et
l'escume de l'eau se blanchir et s'enfler à gros bouillons

avec un grand bruit, et ainsi de toutes les autres choses.
Car en telle peinture, ou plustost imitation de la
nature, consiste toute l'ame de la Poesie Heroïque,
laquelle n'est qu'un enthousiasme et fureur d'un jeune
cerveau. Celuy qui devient vieil, matté d'un sang
refroidy, peut bien dire a dieu aux Graces et aux
Muses.

Donc, Lecteur, celuy qui pourra faire un tel ouvrage,
et qui aura une bouche sonnant plus hautement que
les autres, et toutesfois sans se perdre dans les nues,
qui aura l'esprit plus plein de prudence et d'advis, et
les conceptions plus divines, et les paroles plus re-
haussées et recherchées, bien assises en leur lieu par art
et non à la volée, donne luy nom de Poete, et non au
versificateur, composeur d'Epigrammes, Sonnets, Sa-
tyres, Elegies, et autres tels menus fatras, où l'artifice
ne se peut estendre : la simple narration enrichie d'un
beau langage, est la seule perfection de telles com-
positions.

Veux tu sçavoir, Lecteur, quand les vers sont bons
et dignes de la reputation d'un excellent ouvrier, suy
le conseil d'Horace : il fault que tu les demembres et
desassembles de leur nombre, mesure et pieds, et que
tu les transportes, faisant les derniers mots les premiers,
et ceux du milieu les derniers. Si tu trouves apres tel
desassemblement de la ruine du bastiment, de belles
et excellentes paroles, et phrases non vulgaires, qui te
contraignent d'enlever ton esprit oultre le parler
commun, pense que tels vers sont bons et dignes d'un
excellent Poëte. Exemple des mauvais vers.

Madame en bonne foy je vous donne mon cœur,
N'usez point envers moy s'il vous plaist de rigueur.

Efface *cœur*, et *rigueur*, tu n'y trouveras un seul mot
qui ne soit vulgaire ou trivial : ou si tu lis ceux cy,

> *Son harnois il endosse, et furieux aux armes*
> *Profendit par le fer un scadron de gensdarmes,*

tu trouveras au desmembrement et deliaison de ces
deux carmes, qui te servent d'exemple pour les autres,
toutes belles et magnifiques paroles, *Harnois, endosse,
furieux, armes, profendit, fer, scadron, gensdarmes.* Cela
se doit faire tant que l'humain artifice le pourra : car
bien souvent la matiere ny le sens ne desirent pas telle
hausseure de voix, et principalement les narrations et
pourparlers des Capitaines, conseils et deliberations
és grandes affaires, lesquelles ne demandent que parole
nue et simple, et l'exposition du faict : car tantost il
doit estre orné, et tantost non : car c'est un extreme
vice à un orfévre de plomber de l'or. Il fault imiter
les bons mesnagers, qui tapissent bien leurs sales,
chambres et cabinets, et non les galetas, où couchent
les valets. Tu auras les conceptions grandes et hautes,
comme je t'ay plusieurs fois adverti, et non monstrueuses ny quintessencieuses comme sont celles des
Espagnols. Il faudroit un Apollon pour les interpreter,
encor il y seroit bien empesché avec tous ses oracles et
trepieds.

Tu n'oublieras les noms propres des outils de tous
mestiers, et prendras plaisir à t'en enquerre le plus
que tu pourras, et principalement de la chasse. Homere a tiré toutes ses plus belles comparaisons de là.
Je veux bien t'advertir, Lecteur, de prendre garde aux
lettres, et feras jugement de celles qui ont plus de son
et de celles qui en ont le moins. Car A, O, U, et les

consonnes M, B, et les ss, finissants les mots, et sur toutes les rr, qui sont les vrayes lettres Heroïques, font une grande sonnerie et baterie aux vers. Suy Virgile qui est maistre passé en la composition et structure des carmes : regarde un peu quel bruit font ces deux icy sur la fin du huictiesme de l'Aeneide.

Una omnes ruere ac totum spumare, reductis
Convulsum remis rostris tridentibus æquor.

Tu en pourras faire en ta langue autant que tu pourras. Tu n'oublieras aussi d'inserer en tes vers ces lumieres, ou plustost petites ames de la Poesie, comme,

Italiam metire jacens.

qui est proprement un Sarcasme, c'est à dire, une moquerie, que le vaincueur fait sur le corps navré à mort de son ennemy.

Et fratrem ne desere frater.
Et dulces moriens reminiscitur Argos.
Seminecesque micant digiti, ferrumque retractant.

Au reste, Lecteur, si je te voulois instruire et t'informer de tous les preceptes qui appartiennent à la Poësie Heroique, il me faudroit une rame de papier : mais les principaux que tu as leu auparavant, te conduiront facilement à la cognoissance des autres. Or venons à nos vers communs de diz à unze syllabes, lesquels pour estre plus courts et pressez, contraignent les Poëtes de remascher et ruminer plus longuement : et telle contrainte en meditant et repensant fait le plus souvent inventer d'excellentes conceptions, riches paroles et phrases élabourées, tant vault la meditation, qui par longueur de temps les engendre en un esprit melancholique, quand la bride de la contrainte arreste et refreint la premiere course impetueuse des fureurs et monstrueuses imaginations de l'esprit, à l'exemple des grandes rivieres qui bouillonnent, escument et fremissent à l'entour de leurs rempars, où quand elles courent la plaine sans contrainte, elles marchent lentement et paresseusement, sans frapper les rivages ny d'escumes ny de bruit. Tu n'ignores pas, Lecteur, qu'un Poëte ne doit jamais estre mediocre en son mestier, ny sçavoir sa leçon à demy, mais tout bon, tout excellent et tout parfait : la mediocrité est un extréme vice en la Poësie, il vaudroit mieux ne s'en mesler jamais, et apprendre un autre mestier.

D'avantage je te veux bien encourager de prendre la sage hardiesse d'inventer des vocables nouveaux, pourveu qu'ils soient moulez et façonnez sus un patron desja receu du peuple. Il est fort difficile d'escrire bien en nostre langue, si elle n'est enrichie autrement qu'elle n'est pour le present de mots et de diverses manieres de parler. Ceux qui escrivent journellement en elle, sçavent bien à quoy leur en tenir : car c'est une extresme geine de se servir tousjours d'un mot. Oultre je t'advertis de ne faire conscience de remettre en usage les antiques vocables, et principalement ceux du langage Vvallon et Picard, lequel nous reste par tant de siecles l'exemple naïf de la langue Françoise, j'entends de celle qui eut cours apres que la Latine n'eut plus d'usage en nostre Gaule, et choisir les mots les plus pregnants et significatifs, non seulement dudit langage, mais de toutes les Provinces de France, pour servir à la Poësie lors que tu en auras besoin. Malheureux est

le debteur, lequel n'a qu'une seule espece de monnoie
pour payer son creancier. Oultre plus si les vieux mots
abolis par l'usage ont laissé quelque rejetton, comme
les branches des arbres couppez se rajeunissent de nouveaux drageons, tu le pourras provigner, amender et
cultiver, afin qu'il se repeuple de nouveau. Exemple
de *Lobbe*, qui est un vieil mot François qui signifie
mocquerie et raillerie. Tu pourras faire sur le nom le
verbe *Lobber*, qui signifiera mocquer et gaudir, et mille
autres de telle façon. Tu te donneras de garde, si ce
n'est par grande contrainte, de te servir des mots
terminez en ion, qui passent plus de trois ou quatre
syllabes, comme abomination, testification: car tels
mots sont languissants, et ont une trainante voix, et
qui plus est, occupent languidement la moictié d'un
vers. C'est autre chose d'escrire en une langue floris-
sante qui est pour le present receüe du peuple, villes,
bourgades et citez, comme vive et naturelle, approuvée
des Rois, des Princes, des Senateurs, marchands et
trafiqueurs, et de composer une langue morte, muette
et ensevelie sous le silence de tant d'espaces d'ans,
laquelle ne s'apprend plus qu'à l'escole par le fouët et
par la lecture des livres, ausquelles langues mortes il
n'est licite de rien innover, disgraciées du temps, sans
appuy d'Empereurs, ny de Roys, de Magistrats ny de
villes, comme chose morte, laquelle s'est perdue par le
fil des ans, ainsi que font toutes choses humaines, qui
perissent vieilles, pour faire place aux autres suivantes
et nouvelles: car ce n'est la raison que la nature soit
toujsjours si prodigue de ses biens à deux ou trois
nations, qu'elle ne vueille conserver ses richesses aussi
pour les derniers comme les premiers. En telles

langues passées et defunctes (comme j'ay dit) il ne fault rien innover, comme ensevelies, ayant resigné leur droict aux vivantes, qui florissent en Empereurs, Princes et Magistrats, qui parlent naturellement, sans maistre d'école, l'usage le permettant ainsi : lequel usage le permet en la mesme façon que le commerce et trafic des monnoies pour quelque espace de temps le dict usage les descrie quand il veult. Pource il ne se fault estonner d'ouyr un mot nouveau, non plus que de veoir quelque nouvelle Iocondalle, nouveaux Tallars, Royales, Ducats de sainct Estienne, et Pistolets. Telle monnoie, soit d'or ou d'argent, semble estrange au commencement : puis l'usage l'adoucit et domestique, la faisant recevoir, luy donnant authorité, cours, et credit, et devient aussi commune que nos Testons et nos Escus au Soleil.

Tu seras tres-advisé en la composition des vocables, et ne les feras prodigieux, mais par bon jugement, lequel est la meilleure partie de l'homme, quand il est clair et net, et non embabouiné ny corrompu de monstrueuses imaginations de ces Robins de Cour qui veulent tout corriger.

Je te conseille d'user indifferemment de tous dialectes, comme j'ay desja dict : entre lesquels le Courtisan est tousjours le plus beau, à cause de la Majesté du Prince : mais il ne peut estre parfaict sans l'aide des autres : car chacun jardin a sa particuliere fleur, et toutes nations ont affaire les unes des autres : comme en nos havres et ports, la marchandise bien loin cherchée en l'Amerique, se debite par tout. Toutes Provinces, tant soient elles maigres, servent aux plus fertiles de quelque chose, comme les plus foibles membres, et les plus petits de l'homme servent aux plus nobles du corps. Je te conseille d'apprendre diligemment la langue Grecque et Latine, voire Italienne et Espagnole, puis quand tu les sçauras parfaitement, te retirer en ton enseigne comme un bon Soldat, et composer en ta langue maternelle, comme a faict Homere, Hesiode, Platon, Aristote, et Theophraste, Virgile, Tite Live, Saluste, Lucrece, et mille autres qui parloient mesme langage que les laboureurs, valets et chambrieres. Car c'est un crime de leze Majesté d'abandonner le langage de son pays, vivant et florissant, pour vouloir deterrer je ne sçay quelle cendre des anciens, et abbayer les verves des trespassez, et encore opiniastrement se braver là dessus, et dire, J'atteste les Muses que je ne suis point ignorant, et ne crie point en langage vulgaire comme ces nouveaux venus, qui veulent corriger le Magnificat : encores que leurs escrits estrangers, tant soient-ils parfaits, ne sçauroient trouver lieu aux boutiques de Apoticaires pour faire des cornets.

Comment veux tu qu'on te lise, Lecteur, quand à peine lit-on Stace, Lucain, Seneque, Silius et Claudian, qui ne servent que d'ombre muette en une estude, ausquels on ne parle jamais que deux ou trois fois en la vie, encore qu'ils fussent grands maistres en leur langue maternelle ? et tu veux qu'on te lise, qui as appris en l'escole à coups de verges le langage estranger, que sans peine et naturellement ces grands personnages parloient à leurs valets, nourrices et chambrieres. O quantesfois ay-je souhaité que les divines testes et sacrées aux Muses de Josephe, Scaliger, Daurat, Pimpont, d'Emery, Florent Chrestien, Passerat, voulussent employer quelques heures à si honorable labeur,

Gallica se quantis attollet gloria verbis!

Je supplie tres humblement ceux, ausquels les Muses ont inspiré leur faveur, de n'estre plus Latineurs ny Grecaniseurs comme ils sont, plus par ostentation que par devoir: et prendre pitié, comme bons enfans, de leur pauvre mere naturelle: ils en rapporteront plus d'honneur et de reputation à l'advenir, que s'ils avoient à l'imitation de Longueil, Sadolet, ou Bembe, recousu, ou rabobiné je ne sçay quelles vieilles rapetasseries de Virgile et de Ciceron, sans tant se tourmenter: car quelque chose qu'ils puissent escrire, tant soit elle excellente, ne semblera que le cry d'une Oye, au prix du chant de ces vieils Cygnes, oiseaux dediez à Phebus Apollon. Apres la premiere lecture de leurs escrits, on n'en tient non plus de compte que de sentir un bouquet fani. Encore vaudroit-il mieux, comme un bon Bourgeois ou Citoyen, rechercher et faire un Lexicon des vieils mots d'Artus, Lancelot, et Gauvain, ou commenter le Romant de la Rose, que s'amuser à je ne sçay quelle Grammaire Latine qui a passé son temps. D'avantage qu'ils considerent comme le Turc en gaignant la Grece, en a perdu la langue du tout. Le mesme Seigneur occupant par armes la meilleure partie de l'Europe, où on souloit parler la langue latine, l'a totalement abolie, reduisant la Chrestienté, de si vaste et grande qu'elle estoit, au petit pied, ne luy laissant presque que le nom, comme celle qui n'a plus que cinq ou six nations, où la langue Romaine se debite:

et n'eust esté le chant de nos Eglises, et Psalmes, chantez au leuthrin, long temps y a que la langue Romaine se fust esvanouye, comme toutes choses humaines ont leur cours: et pour le jourd'huy vaut autant parler un bon gros Latin, pourveu que l'on soit entendu, qu'un affetté langage de Ciceron. Car on ne harangue plus devant Empereurs, ne Senateurs Romains, et la langue Latine ne sert plus de rien que pour nous truchemanter en Allemaigne, Poloigne, Angleterre, et autres lieux de ces pays là. D'une langue morte l'autre prend vie, aussi qu'il plaist à l'arrest du Destin et à Dieu, qui commande, lequel ne veut souffrir que les choses mortelles soient eternelles comme luy, lequel je supplie tres-humblement, Lecteur, te vouloir donner sa grace, et le desir d'augmenter le langage de ta nation.

Quant à nostre escriture, elle est fort vicieuse et corrompue, et me semble qu'elle a grand besoin de reformation, et de remettre en son premier honneur, le K, et le Z, et faire des characteres nouveaux pour la double N, à la mode des Espagnols ñ, pour escrire Monseigneur, et une L, double, pour escrire orgueilleux. Je t'en diray d'avantage, quand j'en auray le loisir. A Dieu, candide Lecteur.

CAMBRIDGE
PLAIN TEXTS

The following Volumes are the latest
additions to this Series:

English

French

German

Spanish

small octavo pages of text, preceded

note on the author

LIMP CLOTH

German

GRILLPARZER. Der Arme Spielmann. Erinnerungen an
  Beethoven.
HERDER. Kleinere Aufsätze I.
HOFFMANN. Der Kampf der Sänger.
LESSING. Hamburgische Dramaturgie I.
LESSING. Hamburgische Dramaturgie II.

Italian

ALFIERI. La Virtù Sconosciuta.
GOZZI, GASPARO. La Gazzetta Veneta.
LEOPARDI. Pensieri.
MAZZINI. Fede e Avvenire.
ROSMINI. Cinque Piaghe.

Spanish

BOLIVAR, SIMON. Address to the Venezuelan Congress
  at Angostura, February 15, 1819.
CALDERÓN. La Cena de Baltasar.
CERVANTES. Prologues and Epilogue.
CERVANTES. Rinconete y Cortadillo.
ESPRONCEDA. El Estudiante de Salamanca.
LOPE DE VEGA. El Mejor Alcalde. El Rey.
LUIS DE LEON. Poesías Originales.
OLD SPANISH BALLADS.
VILLEGAS. El Abencerraje.
VILLENA: LEBRIJA: ENCINA. Selections.

SOME PRESS OPINIONS

"These are delightful, slim little books....The print is very clear and pleasant to the eye....These Cambridge Plain Texts are just the kind of book that a lover of letters longs to put in his pocket as a prophylactic against boredom." THE NEW STATESMAN

"These little books....are exquisitely printed on excellent paper and are prefaced in each case by a brief biographical note concerning the author: otherwise entirely unencumbered with notes or explanatory matter, they form the most delicious and companionable little volumes we remember to have seen. The title-page is a model of refined taste—*simplex munditiis*." THE ANGLO-FRENCH REVIEW

"With their admirable print, the little books do credit to the great Press which is responsible for them."
  NOTES AND QUERIES

"The series of texts of notable Italian works which is being issued at Cambridge should be made known wherever there is a chance of studying the language; they are clear, in a handy form, and carefully edited....The venture deserves well of all who aim at the higher culture."
  THE INQUIRER

"Selections of this kind, made by competent hands, may serve to make us acquainted with much that we should otherwise miss. To read two of Donne's tremendous sermons may send many readers eagerly to enlarge their knowledge of one of the great glories of the English pulpit." THE HOLBORN REVIEW

"This new Spanish text-book, printed on excellent paper, in delightfully clear type and of convenient pocket size, preserves the high level of achievement that characterises the series." THE TEACHER'S WORLD *on* "Cervantes: Prologues and Epilogue"

"It is difficult to praise too highly the Cambridge Plain Texts." THE LONDON MERCURY